ユー。

ジャニーズの性加害を告発して

カウアン・オカモト

文藝春秋

2023年4月12日、日本外国特派員協会で行なった記者会見

幼少期

愛知県豊橋市の団地（左頁下）で、母（右頁左上の右）と父の愛情に包まれて育った

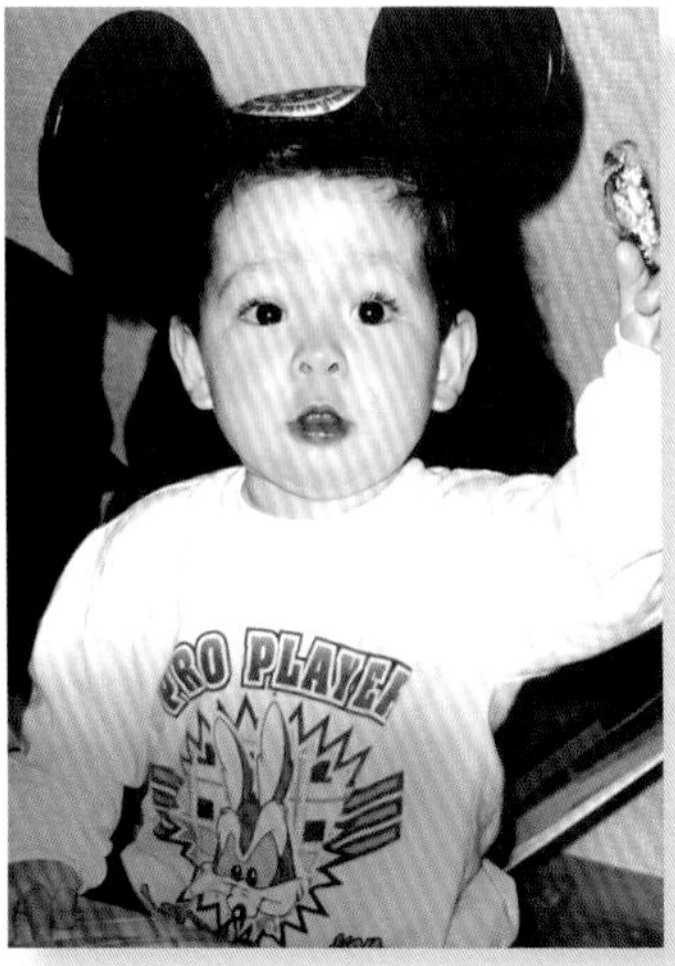

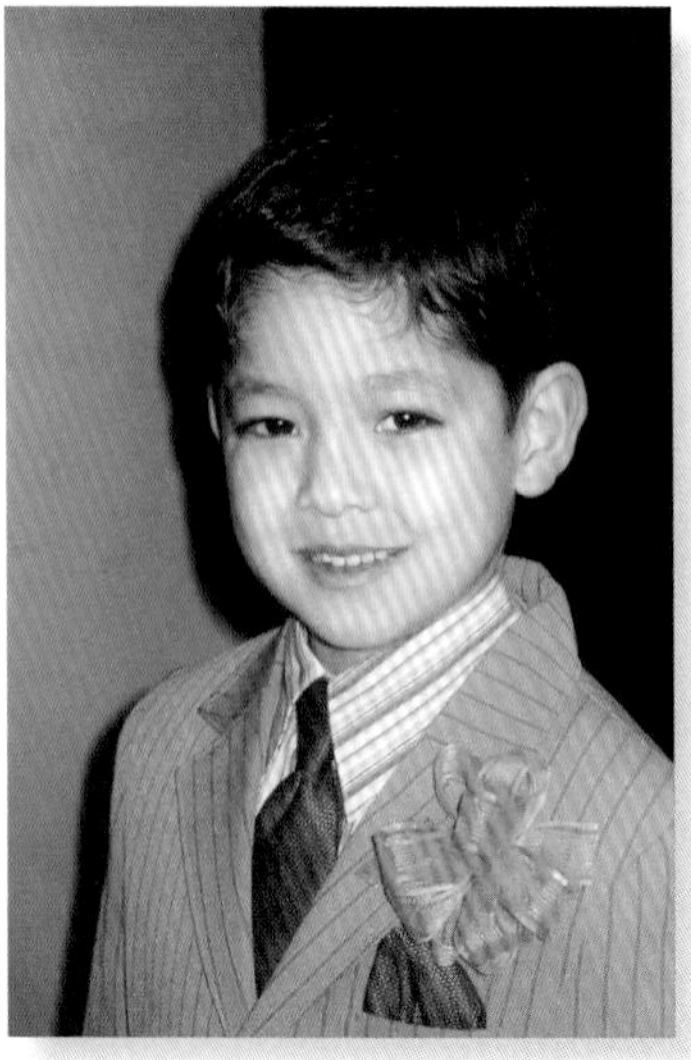

skateboarding
SK8

POWER WHEELS
POWER WHEELS

モデル時代

名古屋市内のモデル事務所と契約。ジャスティン・ビーバーばりの衣装できめる（下）

ジャニーズJr.時代

ジャニーズ事務所には、2012年2月に入所。
ドラマや舞台等で活動し、16年に退所した

2023年5月16日、国会内で開かれた立憲民主党のヒアリングに出席し、意見を述べた

プロローグ

二〇二三年四月十二日、日本外国特派員協会。

僕は黒のスーツに黒の蝶ネクタイを締めて、カメラのフラッシュを大量に浴びていた。

ジャニーズ時代にステージ慣れしていたから、緊張はそれほど感じなかった。だが、その緊張の質は、これまでステージで体験したものとは、まったく違うものだった。

部屋の後ろにはテレビカメラがずらりと並んでいる。置いてある机いっぱいに記者たちが座って、僕のことを見ている。あとで知ったことだけど、ＮＨＫや朝日新聞、ＡＰ通信、ニューヨーク・タイムズなど、日本のメディアと外国のメディアを含め、三十一社も来ていたそうだ。

僕がこの日開いたのは、ジャニーさん、つまりジャニーズ事務所創業者のジャニー喜多川氏による性加害について、被害者として初めて実名、顔出しでする記者会見だった。

被害者なのに、なぜ蝶ネクタイ？

会見後、ネットで軽く叩かれた。

だけど、僕は「かわいそうな被害者」としてその場に立ちたくなかった。

僕は被害者ではあるけれど、いまはミュージシャンであり、アーティストだ。「被害を説明しよう」と思って会見は開いたが、「被害をアピールしよう」という思いはなかった。

とはいえ、記者たちの聞きたいことは性加害の詳しい内容なのだろう。

何を、どこまで聞かれるのか。

自分を見つめる国内外のたくさんの記者たちの顔を眺めても、まるで予想はつかない。

でも、大丈夫。

「ユー。ステージ上がっちゃいなよ」

僕は二〇一二年、ジャニーさんからいきなり東京に呼び出されて、その日のステージに上げられ、五千人の観客の前で歌うことになった。それもアカペラで。そして、その瞬間からジャニーズJr.の一人となった。

「明日のコンサート、ユー、センターで出ちゃいなよ」

前日にそんな仕事の無茶ぶりを食らうのは、ジャニーズ事務所では日常茶飯事だった。それでも当たり前のような顔をしてこなしていかなければ、次の仕事がふられることはない。

ユー。

そう言って、ジャニーさんはいろんなことを教えてくれた。

ジャニーズで過ごした四年間に起きたことは、もちろんジャニーさんからの性加害だけでは決してないし、辛いことばかりだったわけでもない。エンターテインメントとは何か？　ということも大いに学ばせてもらった。

アーティストに必要なのは、どんなことにも動じない対応力とカリスマ性！

記者会見が始まった。僕は大きくひとつ息を吸って、用意していたスピーチ原稿に目を落とした。

「Good morning everyone, and I am really grateful to be with you today.

My name is Kauan Okamoto——」

ユー。

ジャニーズの性加害を告発して

目次

構成　石井謙一郎／髙橋大介
カバー写真　榎本麻美
装丁　番　洋樹

第一章　Baby

ジャニーさんからの電話

「もしもし」

「あ。僕だよ。ジャニーだよ」

僕のケータイに、いきなり知らない番号から電話がかかって来たのは、二〇一二年二月十二日の朝のことだった。日曜の午前中。中学三年生だった僕は、愛知県豊橋市の自宅で寝ていたところを起こされた。状況がよく理解できない。

「え？　ジャニーって？」

「僕、ギネスブック載ってるよ。ユー、ギネスブックを見たことない？」

「いやぁ、見たことないですね」

「ま、いっか。とりあえずユーさ、ＤＶＤ送ってくれたよね。『Ｂａｂｙ』歌ってたの見たよ。手紙も読んだよ」

そこまで言われて、ようやくピンと来た。

当時、僕は東京のモデル事務所に登録していた。その事務所のマネージャーが、（当時ジャニーズ事務所に所属していた）男闘呼組のメンバーで俳優の岡本健一さんとつながりがあった。音楽がやりたかった僕は、ジャスティン・ビーバーの名曲『Ｂａｂｙ』を歌っている姿をＤＶＤに録り、音楽への思いを綴った手紙を書いていた。それが、岡本さんを介してジャニーさんのもとへ届いていたのだ。

「今日、国際フォーラムでＳｅｘｙ Ｚｏｎｅのライブやってるから、来て」

「え⁉　国際フォーラムって、東京ってことですよね？」

「ユー、東京来たことないの？」

「ないです」

「新幹線のお金出すから。見に来なよ。二時半からだから」

と言われて時計を見たら、午前十時だった。今からすぐに家を飛び出しても、東京に着くのはおそらく午後一時頃だ。

「とりあえず、今日来たほうがいいと思うけど。どうする？」

唐突すぎる誘いだったが、その瞬間、体に電流が走るような思いがした。

来た！　これは絶対にチャンスだ。

それまでよく見ていた海外のアーティストたちを主役にしたドキュメンタリーのワ

ンシーンのようだった。僕はもちろん即答した。

「行きます！」

俺の人生、面白くなってきたぞ。

お母さんに話したら、「それ本当!?」と驚愕された。

僕は食い気味にこう答えた。

「絶対ホントだよ！　行ってくる！」

憧れは、ジャスティン・ビーバー

それにしても、送ったＤＶＤが、まさかジャニーさん本人の手に渡るとは思っていなかった。「ＤＶＤをきっかけにオーディションに呼んでもらえるかもしれない」というくらいの気持ちだったからだ。

中学卒業を間近に控えて学校の勉強から脱落していた僕には、両親のように〝地元の工場で働く〟という将来がリアルな現実として感じられてきていた。でも、弁護士になるのが若い頃の夢だったお母さんは、「カウアンには工場で働いてほしくない」と言っていた。あとで詳しく触れるけど、彼女は大学に行く費用を作るために、ブラジルから日本に出稼ぎに来たブラジル人だ。十八歳で僕を産むことになり、その勉強と夢を途中で諦めなくてはいけなかった。

中三だった僕の夢は、アーティストになること。

憧れは、ジャスティン・ビーバーだった。

「僕、アーティストになりたいんだよ」

お母さんにそう伝えると、美人でオシャレで超ナルシストの彼女のアドバイスはこうだった。

「見た目は大事だよ。あなたは私の息子だから、顔はカッコいいよね。あとは……縮毛矯正するか」

ジャスティン・ビーバーもジャニーズも髪はサラサラ。僕は小さい頃から髪はチリチリ。この髪だと日本ではモテない。そう思って、縮毛矯正をした。さらに、ジャスティンを真似ようと、ネット通販でジャスティンが着てるような服を買ってファッションを完コピ。ダンスも素人なりに完コピ。歌っている姿を自分のケータイで撮りまくった。

だけど、そもそも何をどうすれば、アーティストになれるのか。

それがわからなかった。

ジャスティンは、遠いところに住んでいるお祖母ちゃんに見せるために、自分が歌う動画をＹｏｕＴｕｂｅに投稿した。それから路上ライブを始め、集まった人に感動を与えるようになっていったそうだ。

だから、僕もアーティストとしてデビューするには、業界の誰かの目に留まる必要がある。そして、才能の周りにチームができたり、プロデューサーやマネージャーがついて、その才能を売っていく。それが鉄則だろう。でも、どうやって見出されればいいのか。その方法がわからなかった。

「あなたは日系ブラジル人だし、とりあえずモデルをやったらいいと思う」

お母さんの発案で、まずはモデル事務所に履歴書を送り、反応を見ることにした。履歴書にお母さんが撮ってくれた写真を貼り、豊橋から一番近い都会、名古屋市内のモデル事務所、十社くらいに送った。

そのほとんどからいい反応があった。面接を受けに行くと、付き添ってくれたお母さんは日本語があまりわからないのに「この事務所はダメ。騙されちゃう」とか「あの人はブラジル人を舐めてる」などと、冷静な感想を言ってくれた。

最終候補に残ったのは、最大手のA社と、小さな事務所B社だった。A社からは圧倒的なプレゼンを受けた。

「ウチと契約すれば、雑誌の表紙も狙えます。モデルになるなら完璧です」

契約の内容も細かい点まで行き届いていた。逆に言えば、ガチガチに縛られていた。

お母さんの感想は「さすがトップだから、ちゃんとしてるね。だけど、うーん」といまひとつ。

B社の担当者の言葉は、A社とあまりにも対照的だった。

「ウチは全然、仕事がないです。もちろん大手に行ったほうがいいし、A社に入れるなら入ったほうがいい。ウチが提案できるのはモデルとして育てることで、基礎的なレッスンを無料で受けさせてあげます」

「あ、そうなんですか」

拍子抜けしていると、

「でも、カウアンくんの夢は音楽家になることで、モデルがゴールじゃないよね？ウチらは頑張って、音楽系の仕事も探してきます」

と言ってくれたのだ。

おおー！　僕の音楽の夢を応援してくれるんだ。

僕はとても嬉しかったし、お母さんもその言葉を気に入った。

「絶対、こっちがいいと思うよ。いったんこっちに入って、あとからA社にも行けるでしょ？」

そんなことが本当にできるのかはわからなかったが、とにかくきちんと僕に向き合ってくれる事務所に入ったほうがいいと思ったから、B社に入ることに決めた。

同時に、東京にある別の事務所にも登録することにした。モデル事務所には所属制と登録制があり、名前だけ登録しておくと、単発の案件があったときに仕事を依頼されることがある。登録から始まって、仕事が増えれば所属になるケースもある。

頭がいいお母さんが「先のことを考えて、東京にも足がかりを作っておいたほうがいい」と思いついたのだ。そこはC社といって、外国人やハーフのモデルが多い事務所だった。そして、このC社のヒサコさんというマネージャーが、岡本健一さんを直接知っているケンさんという人と知り合いだったのだ。

「カウアンっていう、歌って踊りたい子がウチに入ってきたのよ。十五歳だけど、ジャスティン・ビーバーとかアッシャーとかR&Bが好きで、英語でも歌えるの。どうにか岡本健一さんにカウアンのＤＶＤを渡してくれない？」

という話をヒサコさんがケンさんにしたところ、

「たしかに知り合いだけど、いきなり健一さんにお願いするのは難しいよ」

「でも彼の夢だから。なんとかお願い」

「うーん。わかった。頑張ってみるよ」

という展開になったらしい。

僕にとって、ジャニーズは、学校の給食の時間に嵐の歌が流れていて、女の子たちが「好き」って言ってたな、くらいのイメージしかなかった。

ジャスティン・ビーバーの『Ｂａｂｙ』を熱唱しているＤＶＤに添える手紙を僕は書いた。両親が来日してから、僕が生まれ、現在に至るいきさつ、自分の人生観、音楽をやりたい思い。歌ったり踊ったりするジャニーズのスタイルが自分の目指している姿に近いことや、「僕には根性があります」みたいなことも書いた。

ケンさんは、そのＤＶＤと手紙を健一さんに渡してくれたのだ。たまたま同じ「岡本」なのも不思議な縁だが、健一さんはＤＶＤを見て「こいつ、面白いな」と感じてくれたようだ。そしてそれを持ってジャニーズ事務所に行ったところ、たまたまジャニーさんが事務所に来ていたそうだ。それで健一さんはジャニーさんに直接ＤＶＤと手紙を渡したという。いくつもの偶然が重なり、運命が変わった。

ヒサコさんも僕もそこまでは頼んでいなかったのに、本当に奇跡的に健一さんが「ジャニーさんに渡そう」と思ってくれたので、実際にジャニーさんの手に渡ることになった。

そしてジャニーさんから僕に、いきなり電話がかかって来たんだ。

五千人の前でアカペラ

「いつも通りにやりなさい」

僕はお母さんからそう言われて、家から送り出された。服は上から下まで、ジャスティン・ビーバーがドキュメンタリー映画『ジャスティン・ビーバー　ネヴァー・セイ・ネヴァー』で着ていた衣装にそっくりにした。これもお母さんのアドバイスだった。

新幹線に飛び乗って、東京国際フォーラムに着いたのは、たしかセクゾのその日二回目の公演の前後だった。ジャニーさんからは「警備員の人に言えばいいから」と言われていたので、大勢の女の子をかき分けて警備員さんのところへ行き、「すみません、カウアンですけど」と声をかけた。そしたら、「岡本くん？　お待ちしていました。どうぞこちらへ」と言われた。それまで心のどこかで疑っていた僕だったが、恐怖感とワクワク感が同時にこみ上げてきて、その瞬間、覚悟を決めた。

そのまま中の方へ進んでいくと、ソファにジャニーさんが座っていた。見た目は、キャップを被った百六十センチくらいのただの小さなお爺ちゃんだ。だけど、オーラがすごかった。

「お疲れ様です」

と挨拶したら、

「ユー、遅いよ」

と返された。

右隣には百八十五センチくらいの大柄な男の人がいた。帽子を目深に被っていて〝圧〟がすごい。ＴＲＦの元メンバーで、ジャニーズの振付師として有名なサンチェさんだった。

サンチェさんに聞かれた。

「カウアンくん？」

「あ、はい。場所がわからなくて遅れてしまいました」

そしたら、ジャニーさんが突然こう言った。

「とりあえず歌ってもらっていい？」

「あっ、いまですか？」

「そう。いま歌って。ここで歌うのは恥ずかしい？」

「見学に来て」と言われたのだが、最初から歌わせる気だったに違いない。

あとからわかったが、ジャニーさんといるときは、常に試されているのだ。

僕は度胸があるほうだと思うけど、その僕でもテンパるようなことを言ってくる。

そんな状況でも「やれます」という人間を、買ってくれるのだ。

近くの会議室みたいな部屋に一緒に入り、二人を前に、『Ｂａｂｙ』をアカペラで歌った。

やっと歌い終わると、怖い人として知られているサンチェさんが言ってくれた。

「ああ、いいね。おまえさ、ジャニーズの曲は歌えないの？」

「あんま、わかんないですね……」

「ジャニーズに来てんのに、ジャニーズが歌えないの？　面白いな、おまえ」

するとジャニーさんは、思わず耳を疑う言葉を口にしたのだ。

「いいよ、ユーは。とりあえずＭＣ出る？」

意味がわからない。

「出るって何ですか」

って聞き返すと、

「いや、ライブで、歌える？」

中三の僕はもちろんそれまでステージで歌った経験など、一度もない。それどころか、カラオケさえ行ったことがなかったほどだ。だけど、海外アーティストのドキュメンタリーをたくさん見ている僕の気分は、すでにジャスティン・ビーバーだった。

俺のストーリーはもう始まっている！

だから、こう即答した。

「はい、いけます！」

「お客さん、五千人ぐらいいるけど、ユー、いける？」

「いけます！」

「とりあえずＳｅｘｙ Ｚｏｎｅを紹介するよ」

軽く打ち合わせをしなくちゃということで、午後六時から始まる三回目の公演の本番前に、いきなりメンバーに紹介された。彼らからすれば、ようやく実現した初のワンマンライブなのに、見ず知らずの僕がステージに出るといきなり言われたのだ。

「何？」「誰なの？」と戸惑うのは当然だ。

「あ、どうも……」

みたいなよそよそしい雰囲気だったが、ジャニーさんは気にする様子もない。

「ケント（中島健人）とフウマ（菊池風磨）さ、カウアンがジャスティン・ビーバーを歌うんだけど、とりあえず紹介できる？」

「あ、はい」

「じゃあ、友達だってことにしよっか」

とサンチェさんが提案し、みんなは「あ、はい」「わかりました」と答えたものの、明らかに不満顔だった。僕も、「すみません……」と言うしかなかった。

そのままライブが始まり、ＭＣの時間になって、

「今日は、友達を連れて来てるんです」

と切り出された。

お客さんは「大物ゲストが来ている」「ジャニーズの先輩タレントに違いない」と思うのが普通だろう。そこへ鳴り響いたのは、

「岡本カウアン！」

という呼び込みの声。

「え？　誰？」

とザワつく会場。

「このジャスティン・ビーバーみたいな子が、ジャスティン・ビーバーを歌うんです。初舞台なので、みんなも聴いてください！」

と紹介され、僕は『Ｂａｂｙ』を歌った。しかもアカペラで。

フルコーラス歌ったのか、間違えずに歌えたのか。

緊張しすぎて、拍手されたこと以外、ほとんど記憶がない。

傑作だったのは、舞台から下がったとき、Ｓｅｘｙ Ｚｏｎｅのバックについている

百人くらいのジュニアに拍手でお出迎えされたこと。みんなたぶん、「誰なんだろ、こいつ」と思っていたはずで、「もしかして、ジャスティン・ビーバーの親戚？」とファンの中で噂になっていたらしい。

いきなりジャニーさんのマンションへ

僕の出番が終わって舞台裏に戻ると、ジャニーさんが待っていて、

「ユー、とりあえず、ご飯行こうか」

といきなり誘われた。

〝え。ライブ、最後まで見ないの？〟

と思ったけど、

「もういいから、ご飯に行こう」

とジャニーさんが言うので否も応もない。

ジャニーさんが運転する白いベンツに乗せられて向かった先は、青山のイタリアンレストラン。あとで知るのだが、そのイタリアンはジャニーさんが住むマンションの

近くにあって、ほかのジュニアたちもよく食べに来る店だった。

当時すでに八十歳を超えていたジャニーさんの運転はとてつもなく荒かった。急発進、急ブレーキを繰り返すので、めちゃめちゃ怖いのだ。Uターンの際に縁石に乗り上げることもあった。さすがに危ないと周囲も止めたのだろう。僕が入所して一年くらい経ったときには自分で運転することはなくなっていた。僕が辞める二〇一六年頃には、車椅子も使うようになっていた。

その日は、ほかのジュニアたちとレストランで合流し、食べ終わるとそのままみんなでジャニーさんの家へ行った。

タワーマンションの最上階の、もとは別々の二部屋だったのをぶち抜いた、すごく広い家だった。ベッドルームは沢山あって、何人も同時に泊まれるようになっている。入って左側が、ジャニーさんの部屋。奥の部屋にはキングサイズのベッドがあり、グレーのストライプのカバーがかかっていた。

大勢で食事ができるダイニングテーブルのある部屋や、カラオケが備えてある防音仕様の部屋もあった。シアタールームにはゲームが揃っていて、みんなで遊ぶ場所になっている。トイレは三つ。バスルームは二つ。そのひとつはジャグジー付きだった。円柱に埋め込まれた巨大な水槽、マッサージチェアに、大きな冷蔵庫。洗濯機も二つあった。

大きなソファが置いてある部屋には、事務所の先輩たちが表紙を飾る『明星』などの古い芸能雑誌がたくさんあった。バーカウンターには高そうな酒が揃っていたが、それは貰い物を並べてあるだけ。ジャニーさんは飲まないし、ジュニアたちが飲んでいるのを見たこともない。

ホテルに置いてあるような浴衣がたくさん常備されていて、ジュニアたちが泊まるときはそれに着替える。パンツも、用意されたものに穿き替える。お爺さんが穿くような、ぶかぶかのブリーフ。色は白だった。

その夜は、ほかのジュニアたちと一緒に、そのまま泊まった。ジャニーさんから肩を揉まれたが、この日はそれ以上のことはなかった。

僕はまだ何も知らなかったから、〝暗黙のルール〟ももちろんわからず、遅くまでずっと起きていた。今日一日の夢のような出来事に興奮してしまって、全然寝られない。心配していたお母さんと遅くまでポルトガル語で長電話をしていた。うるさくて迷惑だろうと思ったので、僕はジャニーさんの部屋から一番遠い部屋にいた。その部屋にはキングサイズとシングルサイズのベッドがあって、僕が使ったのは、シングルベッドのほうだった。

ジャニーさんは何度か様子を見に来たが、「電話してるんだ」とつぶやいて出ていった。この夜何もなかったのは、長電話のおかげだったのだろう。そう気づいたのは、あとになってからだった。

僕は長い電話のあとでお母さんにおやすみを言ってから、これから待ち受けているだろうワクワクする未来と、これまでの人生との圧倒的な落差を思いながら、いつしか深い眠りに落ちていった。

第二章

ブラジル団地

日系ブラジル人の両親

一九九六年五月二十四日、愛知県豊橋市で僕は生まれた。お父さんもお母さんも日系のブラジル人三世。母方の祖父母からは、イタリア系の血も受け継いでいる。「カウアン」という名前は、ブラジルでも少し珍しい。先住民の言葉で「鷹」という意味だと聞いている。

大人になってから帰化したので、いまは日本国籍だ。ただブラジル国籍も持ったまま。僕の人生は、自分を外国人だと割り切れないし、日本人だとも割り切れない。ずっとそのせめぎ合いの連続だった。

いつももがいていたし、自分を救いたかった。

その思いが、「自分も誰かを喜ばせたり救ったりしたい」という気持ちの糧になっている。音楽やエンターテインメントを志すことになったのも、その思いがもとになっているのだと思う。

両親はどちらも十八歳のとき、出稼ぎのため、別々に、ブラジルから日本にやって来た。お母さんは、大学の学費を稼ぐことが目的だった。シングルマザーだったお祖母ちゃんに育てられ、お金に不自由して辛い思いをしてきたお母さんは、自分の人生を変えたくて、弁護士になるために大学に行くと決めていた。勉強を頑張って、成績も優秀だったと聞いている。お父さんは、出稼ぎという名目でビザを取ったのだけれど、半分は旅行、つまり遊びが目的だったようだ。

二人は豊橋に来て同じ系列の会社に勤めていて、休日にプールで出会い、お父さんからのアプローチで恋に落ちた。そしてお母さんは僕を妊娠した。でも、僕は生まれない可能性があった。お母さんは僕を産むかどうか相当悩んだのだという。十八歳という若さでの出産に周りから反対の声が多くあった。同時に二人が入信していたキリスト教の宗派では堕胎が罪になることも知っていた。お母さんはお父さんに意見を求めたが、お父さんはどうしてよいか分からず、しばらくの間、曖昧な態度をとっていた。お母さんは悩みに悩んだ末に、一度は手術を受けようと決めて、産婦人科に行った。そこにお父さんが現れた。

「俺はいままではちゃらんぽらんだったけど、〝罪〟を犯してしまえば一生後悔すると思う。日本で働けばある程度は稼げるんだし、一緒になって子供を育てよう」

このプロポーズの言葉で、二人は結婚を決めた。だから僕は、ギリギリのところでこの世に生まれてくることができたのだった。

早産で低出生体重児として生まれた僕は、黄疸が出て、保育器に入れられた。お母さんは産後うつになり、パニック障害を起こした。毎日、始発のバスに乗って病院へ行き、新生児室の保育器に入っている僕の姿を一日中眺め、最終のバスで帰る生活。ガラスの向こうで僕が泣いただけで、「死ぬんじゃないか」と慌てて医者を呼ぶほど、ヒステリックになってしまったそうだ。

お母さんは、そのときの気持ちをまだ引きずっている。彼女はいまも豊橋に住んでいるが、僕が実家に帰って一緒に過ごしてから東京に帰るとき、決まって大泣きする。五歳下と十一歳下の弟がいるけれど、お母さんがそういう感情を抱くのは僕に対してだけのようだ。

両親の性格は、まるっきり反対。

週末になると集まって、シュラスコを食べたり音楽をかけて踊ったりして、ワイワイ騒ぐのがブラジル人だ。お父さんもそうした集まりが大好きだけど、ただめちゃめちゃハジけて騒ぐわけではなくて、ずっと肉を焼いている人。シャイだけど、みんなのために働いたり振る舞ったりするのが好きな人だ。

お母さんは、そもそも、そうした場所へ行きたがらない。他人との馴れ合いを好まず、「私は私。みんなはみんな」というタイプで、近所の人からも「怖いお母さん」と恐れられていた。厳格な人で、口癖は「裏表が大嫌い」。言うことがごもっともすぎて、口ゲンカでは誰も勝てない。

お父さんはジョークを言うのが好きで、お母さんは毒舌。性格がまったく違う両親は、僕が二十歳くらいのときに離婚してしまうんだけど、いまでも僕をとても愛してくれている。

幼稚園年長で両親の通訳

豊橋市は工場が多い。そこで働くブラジル人も多いから、日本有数のブラジリアンタウンとして知られている。僕が育ったのも、「ブラジル団地」と呼んでもいいくらい、ブラジル人が多い県営住宅だった。いろんな国の人がいて、ブラジル人の次に多いのがフィリピン人。ボロい県営住宅の中でも、僕たち親子三人が暮らしたのは、一番狭い部屋。お金に余裕はなかった。

お母さんに「お金がないから、マジで節約して」とずっと言われ続けていたので、節約は当たり前のことだと思っていた。でも、家にあまりお金がないことを実感し始めたのは、少し大きくなってからだ。家族で外食なんて、ほぼしたことがない。たまにマックかサイゼリヤに行けたら奮発している証拠。いわゆる〝いいご飯〟を初めて食べたのは、ジャニーさんに最初に会った日に連れていかれたイタリアンだった。

家の中で使われている言葉は、完全にポルトガル語だった。両親ともに友達はブラジル人ばかり。だから、二人とも日本語がなかなか上達しなかった。ガムテープや糊《のり》を作る会社の工場で働いていたお父さんは、日常会話はできたけれど、工場を辞めて主婦をしながら内職をしていたお母さんは、ずっと日本語が不自由なままだ。

僕が初めて日本語にしっかりと触れたのは、三歳のときだった。幼稚園に入ったからだ。子供ってすごいなと思うのは、気づいたときには、わりと普通に日本語を喋れていたことだ。年長くらいになると、親の通訳をするようになった。お母さんとスーパーに行って、値札に書いてある単語の意味を説明したり、お母さんの産婦人科への通院や、役所での手続きにも付き添った。幼稚園や小学校でもらうお便りの内容、行事の予定とか遠足とは何なのかについても、僕がお母さんに説明していた。

担任の先生との三者面談でも、僕が通訳をする。先生が「カウアンは、こういうところがダメだよ」と言っているのに、お母さんには「僕のこと褒めてるよ」と誤魔化したことがある。ところがお母さんは、先生が言った「シュクダイ」という日本語を聞き取って、「〝シュクダイ〟は勉強のことでしょ？　やってないって言われてるんでしょ？」と聞いてきた。日本語がわからなくても、やっぱりバレてしまったんだ。

学校のみんなの前で、親とポルトガル語で話すのは恥ずかしかった。日本人じゃないことが証明されてしまうような気がしたからだ。ポルトガル語を喋ることは、自分を外国人と認めることだと感じて、葛藤があった。

日本人との違い

三歳で幼稚園に入ってから日本の文化を知り始めたので、びっくりすることが沢山あった。例えば、給食に出る白いご飯。家の食卓は、ブラジル料理ばかりで、タイ料理に近いというか、「アジアとヨーロッパの料理が混ざっているような感じ」と言えば伝わるだろうか。団地にブラジル人がたくさん住んでいるので、近所には輸入食品を売るブラジル人向けのスーパーがある。家に醬油はなかった。

ご飯は、ガーリックを入れて炊く。すると日本のお米なのに、色は黄色いし、味も違うものになる。ふっくらと炊けた白いご飯をいまは美味しいと思うけれど、子供の頃は苦手だった。

ブラジル料理では、豆、キャッサバの粉、タマネギ、ガーリックをよく使う。僕は自分で料理するとき、野菜炒めもタマネギとガーリックで味付けする。人に振る舞うと「すごく美味しい」とよく言われる。

好き嫌いがないのは、ブラジルと日本の違いすぎる味に慣れてきたからだと思う。もうひとつは、親が厳しかったから。特にお母さんは育ちが豊かではなかったので、食べ物を残すことを許してくれなかった。小さいときから、

「ブラジルには食べられない人が多いのよ。あなたが残してるご飯を食べれば死なない人がいっぱいいいるんだから、残すのはダメよ」

と言われ続けた。そこは、日本人以上に厳しかったと思う。

そんな完全なブラジル人家庭で育ったから、幼稚園にはなかなか馴染めなかった。

日本人の子供たちと接してみて、やっぱり感性が違うんだなということに気づいた。日本の文化や言葉が分からないうちは、基本的に共感し合えず、なかなか仲良くなれなかった。「なんか馴染めない」という感覚は、すでに幼稚園から始まっていた。コミュニケーションを上手く取れなかったし、友達がいた覚えがない。

外遊びは好きだったけれど、集団で遊ぶのは嫌い。幼稚園でみんなが鬼ごっこや泥んこ遊びをしているとき、一人だけ遊具のてっぺんに登って「見て！」と言うような子供だった。気づいた先生から「そんな高いところに登っちゃダメ！」と怒られても、誰もできないことをやって目立つことが好き。子供ながらに、何かすごいことをしないとみんなから認めてもらえないという感覚があったからだと思う。

日本人の子供とは、よくケンカしていた。何でも僕のせいにするヤツがいた。例えば自分でオモチャを隠しておいて、「カウアンがあそこに隠した」と先生に言い付ける。「あの外人のせいにしとけばいいや」みたいな、ずる賢い子。

それで先生に怒られても、僕は日本語で上手く説明することができない。納得いかず、結局子供同士の殴り合いになることが多かった。いま思い返せば、先生に泣きついた方が利口だったかもしれない。でも当時から僕は被害者づらをするのが好きじゃなかった。だからそんなときは一人で立ち向かっていった。そういうところはブラジル人の気質なのかもしれない。

初めての友達

小学校に入っても、僕は日本人社会の中で孤立していた。

勉強は好きじゃなかったし、言葉の問題もあって、小学校三年で割り算が出てきたとき、付いていくのを諦めた。漢字はジャニーズに入ってから頑張って読めるようになったけれど、子供の頃は家で使わないので読めなかった。

勉強に付いていけないし、漢字も読めない。本当は自分が勉強しないせいなのに、周りからは「やっぱり外人だから」と扱われてしまう。お母さんは弁護士になろうとしていたほどなので、勉強させようという思いが強く、「私のように工場で働く姿は見たくない」と何度も言われた。「大学へ行ってほしい。日本人じゃないんだから、三倍も四倍も勉強しなさい」って。

その通りだと思ったけど、壁は高いだろうなと感じてもいた。

そもそも小学校に馴染めないのに、この先、日本の社会に上手く溶け込めるだろうか。たぶん認められないだろう。

自分の未来や生き方について考えるようになった小学校四年生は、いろいろな意味で転機になった。

初めて友達ができたのもけっこう遅くて、ちょうどその四年生の頃だった。リョウヤという日本人の同級生。意気投合した理由は、二人とも「トカゲ好き」だということだった。

漢字がよく分からない僕は、図書室へ行くといつも本を読むよりも図鑑を眺めていた。おかげで、動物や虫に詳しくなった。中でも単独で生きて狩りをする生き物に惹かれた。可愛い系よりもカッコいい系のほうが好き。だから爬虫類が好きになった。虫捕り網を買ってもらって、リョウヤと二人で神社の境内へトカゲを捕まえに行った。クラスでは飼育係になったけど、ウサギの世話より、教室に置いた虫かごでトカゲを飼うのに夢中だった。

一九八九年に出入国管理法が改正されて、三世までの日系ブラジル人は日本に来て働くのが格段に簡単になった。僕の両親もそのおかげで日本に渡って来られたのだけど、本格的な「デカセギ」ブームが起こったのは、二〇〇〇年代に入ってからだったと思う。

小学校高学年の頃、ブラジルなど外国からの転校生が急に増えた。僕が小学校に入ったときは、ブラジル人がクラスに一人か二人だったのが、クラスに五人くらいになった。その後、学校からのお便りもポルトガル語に対応してくれたり、学校にブラジル人の通訳が常にいるようになっていった。

外国で生まれた転校生たちは、日本語がわからないまま教室へ放り込まれて、決められた時間になったら外国人だけのクラスへ移動する。彼らの姿は、馴染めないと感じていた僕よりさらに辛そうに見えた。

個性や考え方が違いすぎるために、日本社会に放り込まれた瞬間、生きづらくなる。文化が違うから、小学生なのにもう髪を染めていたり、小学校へピアスをして来るのは当たり前。そういうことでイチャモンをつけられると、どんどん自分を否定されるような気持ちになっていく。

「なぜブラジル人は日本人を嫌うのか」と思いつつ、「なぜ日本人はブラジル人を嫌うのか」と思う。日本人とブラジル人が分かり合えないまま一緒に過ごしている現実が、そこかしこにあった。

僕は勉強は苦手だったけど、スポーツはダントツだった。運動神経が抜群なので、短距離走も長距離走も、練習なしでほとんど一位。クラスの人気者になれるはずなのに、そうはいかなかった。「カウアンは外人だから運動神経がいいんだ」「チートじゃん」と言われたりして、〝結局どんなに頑張っても日本人として認めてもらえないんだ〟〝外人扱いしやがって〟と僕は思うようになってしまった。

その頃から殴り合いのケンカを売られることが増えた。だから格闘技を習いにいきたくなった。強くなれば逆に落ち着くと思って空手を習いたかったけれど、お母さんはやらせてくれなかった。理由を聞くと、お母さんの返事はこうだった。

「あなたが格闘技をやったら、人を殺してしまうからやめて」

そこで妥協策として、柔道を習うことになった。身を守るだけならいい、ということだった。

お父さんは、「自分の人生でしょ。好きにしなさい」というタイプ。お母さんは、自分が正しいと思う方向へ導きたい。というか、「悪い方向に行って損をしてほしくない」という思いが強い。僕が不良になって、そのまま反社や半グレのような人間になっていく予感がして、心配していたんだと思う。

柔道の道場へ体験入門に行った日、二年くらい通っている同級生をいきなり一本背負いで投げた。相手は悔しくて泣いていた。

トラウマとなった初告白

初めて好きな相手ができたのも、小四のときだった。クラスで一番可愛い日本人の女の子で、勉強もスポーツも何でもできる子。意を決して、帰り道でラブレターを渡した。すると彼女は少し離れたところまで歩いて、読んでもいない僕からの手紙を、道端の側溝に突っ込んだ。友達と笑い合いながら……。

僕が見ているとは思わなかったんだろう。でも残念ながら、僕はものすごく目がいい。彼女の様子を目にして、「あのカウアンか」とその子が思っていることが伝わってきた。ただ告られたなら断ればいいだけだけど、「うわーっ！ カウアンはきつくね？」と感じたんだと思う。外国人だし、爬虫類好きの自分は女の子から好かれてなかった。男の子ともあんまり絡みがなくて、リョウヤとトカゲとずっと一緒。それでも中学校を卒業するまで、僕はその子が好きだった。ちなみに、僕の見た目から、「ギャルっぽい子が好きなんでしょ？」と思われがちなのだが、その初恋からいまに至るまで、僕のタイプはずっと、マジメでちゃんとしてる子だ。

好きな女の子から認められなかった経験は、いまもコンプレックスとして心の奥底にある。あのあと、女の子からモテることにこだわろうと考えるようになった。それには、何かで社会に認められたかった。男に認められなくても、女から認められればいい。モテてるヤツは輝いて見えたし、「ヤバいな、このままでは社会の弱者になる」という危機感も覚えた。

小学校という社会における成功の基準は、人気者になること。人気者を観察すると、まずはスポーツができるヤツだ。僕はドッジボールが得意だったけれど、ドッジボールが上手くても意外とモテない。足も速かったけれど、あまり目立つ機会がない。柔道が強くなってもモテには結びつかなかった。虫捕りなんか論外だ。

モテたのは、やっぱりバスケとサッカーが得意なヤツだ。バスケで忘れられないのが、小学校の終わり頃のこと。学校から帰るときに体育館のそばを通ると、外から沢山の女の子が中を覗いて騒いでいた。何だろうと思ったら、男子バスケ部が試合をやっているのを、熱を上げて見ていたのだった。「キャー、カッコいい！」。そんな黄色い声を聞かされて、「バスケってこんなにモテるのか……」と改めて思い知った。サッカーは上手かったけれど、普段みんなと仲良くしていないから誘われない。たまたま参加したら上手いのでウザがられ、さらに誘われなくなる。みんなからモテてる人気者に勝ってしまうと、そいつの機嫌が悪くなり、周りの機嫌も悪くなっていくという悪循環も味わった。

もうひとつ別の人気者は、面白いヤツだ。面白ければ、男からも女からもモテる。「これだ！」と思った僕は、お調子者になり始めた。ちょうど『爆笑レッドカーペット』（フジテレビ）や『エンタの神様』（日本テレビ）が流行っていた頃で、テレビを見てお笑いを勉強した。

学校でボケやツッコミを実践する。笑ってもらえた！　だからといって友達はできないのだが。でも、先生をイジったりすると、なかなかみんなできないことだからウケるし、陰キャの子がイジメっぽくイジられてるのを、笑いに変えられるようにツッコんだり、自分がイジられるように仕向けたり。そういう「助ける笑い」を取るのがすごく好きだった。みんなが笑っていれば、それでいいんじゃね。しかも自分がヒーローになれて一石二鳥だった。

六年生くらいからは、将来のこともっと真剣に考えるようになった。勉強は、中学校に行ったらもっと付いていけなくなるだろうとわかっていた。お母さんが心配していた通りだ。かといって、好きなトカゲで飯はなかなか食えない。

将来を考えて、「動物博士」はやめることにした。小学校を卒業するときに書いた「将来の夢」は「お笑い芸人になる」だった。

モテたい。みんなを楽しませたい。音楽も大好きだったけど、それを仕事にすることができるなんて、当時は思ってもいなかった。

ドロップアウト

中学校は、厳しい学校だった。

「お笑い」なんていう科目はもちろんないから、勉強を頑張るかスポーツを頑張るか、あるいは両方とも頑張るか。どれにも当てはまらないヤツは、落ちこぼれ。学校に行かなくなったり、不良になったりしていった。

そこで僕は、バスケ部に入った。ところが、小学校のクラブから一緒にやっている部員たちのコミュニティができていて、顧問の先生も彼らを贔屓《ひいき》する。一年生だけのチームを作っても彼らはスタメンで、未経験者は練習だけと分けられていた。

僕はドリブルが苦手だったし、これじゃモテないと思ったので、バスケットボールを買って、家に帰ってから団地のベランダの、幅が一メートルくらいしかない狭い場所で練習を始めた。そんなある日、ＹｏｕＴｕｂｅでストリートバスケに出合う。ホットソースという、世界で一番上手い奴のドリブルを見て、暗くなるまでベランダや団地の前の広場でその完コピをした。本当にずっと練習してたら、半年くらい経ったときには、一年生の中でドリブルが一番上手くなっていた。「いける！」と思ったけれど、先生は全然スタメンにしてくれなかった。

そんなあれこれに嫌気が差して部活には行かなくなり、放課後は団地の裏の公園へ行き、一個だけあるリングでストリートバスケをやるようになった。そこで、仲間がいっぱいできた。中学生や高校生から二十代前半まで、いろいろな年の人たちが来ていた。フィリピン人や中国人など外国人もいた。多文化で境界線がない。ここがずっと目指していた場所だ。そう感じられて、すごく楽しかった。ストリートバスケは普通のバスケと違って、ファウルなどのルールがほとんどないので、激しく当たって、それがきっかけで殴り合いのケンカになったりすることもあった。ヤンキーもいたので、酒やタバコなど悪いことも覚えた。悪さを一緒にすることで、僕たちの連帯感はさらに増していった。

結局、部活は中一でやめ、中二からは帰宅部になって、公園で夜遅くまでバスケという生活。それが楽しすぎて、人生を見失った。お母さんはいよいよ心配になって、「勉強しなさい。バスケが何の役に立つの？」と、さらにうるさく言ってくるようになった。

そして、お母さんは最後の行動に出た。

どうしても僕が言うことを聞かなかったので、夜中にみんなで溜まっている公園に、遂に原付で乗り込んできたのだ。そして、その場から一一〇番通報。未成年がタバコを吸ってるし、無免許でバイクに乗っているヤツもいたので、全員補導された。

その後、警察署へ迎えに来た日本人の親たちと警察官が一緒に笑いながら、「カウアンの母親は頭がおかしい」と言っていた。なぜわざわざ警察を呼んで、自分の息子を補導させるのか、と。

その様子を見ていた僕には、大きな違和感があった。だってウチの母親は、息子のために警察を呼んだわけでしょ。その気持ちと行動には、愛しかない。ところがほかの親子は、子供ばかりか、呼び出された親まで僕たち母子にムカついているようだった。親は子供を叱るどころか、「大丈夫? なんで捕まっちゃったの?」と頭を撫でて慰めているのだった。

つまり、彼らが「カウアンの母親は頭がおかしい」と言ったのは、子供たちの未来を本当によく考えていない証拠なのだ。「こいつらの親には、僕のお母さんが悪者に見えているんだ」と気づいた瞬間、僕は遊び仲間から離れて、お母さんの側につくことにした。

僕は当時ブラジル国籍だったから、警察沙汰になれば強制送還されてしまうかもしれない。社会から「日本人じゃない」というスタンプを押されている現実を、改めて突きつけられた感もあった。家に帰ってから、お母さんにこう聞かれた。

「強制送還されたら、ブラジルで生きていけるの?」

「いや、無理だよね」

「人生を舐めてると、本当に痛い目に遭うよ」

そう言いながら、お母さんは号泣していた。

「俺の親はこんなにしっかりしてるのに、なんで俺はあいつらとつるんでたんだろう?」と、頭を冷やして考えた。その途端、それまでの自分がバカバカしく思えてきた。それが、ジャニーさんと出会う一年前くらいの出来事だ。

音楽が支えだった

性格がまったく違う両親の共通点は、映画と音楽が好きなことだった。

二人とも様々なジャンルの音楽を聴いていて、家の中ではブラジルのバラードやヒップホップがいつも流れていた。僕が幼いときの一番古いホームビデオには、音楽のリズムに乗って踊る僕が映っている。

僕が音楽に目覚めたのは小学校低学年の頃だった。明治安田生命のテレビコマーシャルで、小田和正さんの『言葉にできない』という歌を知ったことがきっかけのひとつ。結婚して家族が増えたり子供とともに病気と闘っていくといった、普通の家族のヒューマンストーリーが写真で紹介されるCMだった。

そのCMを見た僕は衝撃を受けて、泣いてしまった。大げさかもしれないけれど、日本社会に愛を感じたんだ。CMのバックに流れていたのが、『言葉にできない』だった。

同じ頃、テレビアニメで観た『NARUTO－ナルト－』が、自分にそっくりだなと思った。自分の中に化け物が入っていて、「あの子に近づいちゃダメだよ」と言われているところだ。僕が最初に覚えた歌は、『NARUTO』の主題歌だったかもしれない。学校のトイレで歌って、同級生に「上手いね」と褒められたこともある。

そういうアニメの主題歌やCMはよく覚えたけれど、大人の歌で初めて感動したのが、『言葉にできない』だった。音楽の力に打たれて、自分から「聴きたい」という強い気持ちが生まれたのはその頃からだ。年が近かった叔母の影響で、GReeeeNやFUNKY MONKEY BABYSを聴くようになっていった。

ストリートバスケはスピーカーで音楽を流しながらプレーするから、中学以降は、仲間の影響でR&Bやヒップホップも聴き始めた。バスケとはリズム感が合う。バスケは確かにストレスの発散になるし、仲間と交流できて承認欲求も満たされた。だけど、本当に人生の支えになっていたのは、一人になったときに聴く音楽だった。家ではJポップのバラードを聴いたり、歌詞を読み込んだりしていた。

同じ頃、マイケル・ジョーダンも知った。バスケをやっているくせにNBAに興味はなかったけれど、たまたま彼の名言に出合うことになった。

〈運命よ、そこをどけ。俺が通る〉

この言葉には、やられてしまった。

そこで、マイケル・ジョーダンの人生について調べ始めた。バスケを通した生き方がカッコよすぎて、感動した。レベルはもちろん大違いだけど、アメリカで差別を受ける黒人の立場と、日系ブラジル人として日本で生きる自分の姿も重なり合った。

それをきっかけに、僕はいろいろな人の人生を知りたいと思うようになる。まずは、僕がよく聴いていたミュージシャンたち。調べてみると、音楽とスポーツの境線はほぼなかった。何かを成し遂げたプレーヤーは、みんな苦労を乗り越えて、多くの人たちに勇気を与えているという共通点がある。音楽やスポーツが伝えるのは、その人の生き方そのものなんだ、ということに気づかされた。

それをさらに理解したのは、ジャスティン・ビーバーのドキュメンタリー映画『ジャスティン・ビーバー　ネヴァー・セイ・ネヴァー』を観たときだった。謳い文句はこんな感じだった。

〈全米熱狂！　世界で最も〝旬〟な17歳、ジャスティン・ビーバー。『マイケル・ジャクソン THIS IS IT』を超え、音楽ドキュメンタリー映画史上No.1！〉

ジャスティン・ビーバーは世界的な大スターなのに、年は僕よりたった二つ上。しかもドイツ、イギリス、アイルランド、フランスのミックスで、お母さんは十代で産んだ彼をシングルマザーとして育てていた。十五歳でデビューしたジャスティンの境遇が自分とあまりに似ていることに衝撃を受けた。僕も団地育ちだし、苦労しているし、グレかけていて先の人生がとても平坦とは思えなかった。ジャスティン・ビーバーの歌・人生・言葉。すべてが僕とリンクした。

大好きな音楽で家族にいい生活をさせたい。

みんなに勇気を与えたい。

人生をひっくり返したい。

世界の音楽ステージには、自分に似ている人たちが沢山いる。むしろ、僕よりもチャンスのないところからスタートして成功した人が多いのかもしれない。成功すれば、生き方そのものが支持されて、お金も稼げる――。僕は大いに勇気づけられた。

ずっと探していた、自分の居場所、そして熱中できるもの。

それがステージの上にある。

人生で一番やりたいことが、音楽になった。

将来の夢は、「お笑い芸人」ではなく、「ジャスティン・ビーバーになる」。

両親に向かってこう宣言した。

「ジャスティン・ビーバーみたいになりたい。歌いたい、踊りたい、稼ぎたい。この団地から抜け出したい。この生活から抜け出したい。日本人に認められたいし、ブラジルでもライブをしてみたい」

同じ頃知った名言に、ブラジルの英雄で「サッカーの神様」ペレの言葉もあった。

〈成功は決して偶然の出来事ではない。勤勉、忍耐、知識、学び、犠牲。そして何よりも自分が取り組んでいることへの愛情が必要である〉

貧しかったペレはスパイクもサッカーボールも買えないので、マンゴーの実でリフティングの練習をしていた。そこから世界一のペレになった。

名言といえば、親に言われた言葉も、すごく心に残っている。お父さんに言われた言葉で一番刺さったのは、小学校五年か六年の運動会の前。スポーツが得意な僕にとっては晴れ舞台だったのに、本番の二日くらい前に、遊んでいて足を骨折してしまったときのことだ。

とてもムカついた僕は、家でイライラしていた。お父さんはそのとき、静かにこう言い放った。

「カウアン、運動会に出たかったじゃん。わかるよ。でも常に覚えていてほしいんだけど、人生ってカウアンが思ってるより酷くなる可能性があるから。いま骨折して最悪だと思ってると思うけど、それよりもっと酷くなるかもしれない。明日は車に轢かれるかもしれないんだよ。

だから、あんまりめげてる暇はないんだよ。むしろ骨折で済んでよかったって感謝できないと、たぶんこの先、生きていけないよ」

この言葉は、いまも時々ふと思い出すことがある。ジョーダンやペレの名言とは種類が違うけれど、時間が経てば経つほど、だんだん心に響くようになっていった。

お父さんは哲学的で調和を好む。

お母さんは直感的で自分の信念を貫く。

今回のジャニーさんからの性加害に関する告白も、お父さんなら絶対にできない。

僕はお父さんとお母さんの両方の性質を受け継いでいるからできたんだと思う。

第三章　Junior

名古屋ジュニア

ここで話を、初めてジャニーさんに会ってセクゾのコンサートで『Ｂａｂｙ』を歌い、そのまま青山のマンションに泊まったときに戻したい。

その翌日、僕はジャニーさんに誘われて、『ザ少年倶楽部（少クラ）』の収録を見学するため、渋谷のＮＨＫへ行った。ＢＳプレミアムで放送されているこの音楽バラエティの出演者は、ほぼジャニーズJr.のメンバーに限られている。

ジャニーさんと並んで収録を見学していたら、目の前にＨｅｙ！Ｓａｙ！ＪＵＭＰの山田涼介君がいた。ジャニーズに詳しくない僕でも実は前から「山田涼介はカッコいい」と思っていたので、正直、興奮した。彼は「見せ方」が圧倒的。表情管理、角度、ダンスも歌も全部できちゃう。バランスが完璧で、ジャニーズで一番ジャスティンに近いのが山田君だと思っていた。ジャニーズのタレントで僕が唯一パフォーマンスの影響を受けたのも山田君だ。山田君とはその後、一度だけ雑誌の撮影で一緒になったことがある。

「話してきなよ。いいんじゃない？　声かけても」

ジャニーさんがそう言ってくれたので、山田君の近くへ行ったけど、本当に声をかけていいのかどうか。内心迷いながら、ジャスティン・ビーバーの格好でうろちょろしている僕に、有岡大貴君が気づいて、こう声をかけてくれた。

「どうしたの？　ジュニアの子？」

「あの、昨日、国際フォーラムで歌って、いまジャニーさんと見学している状態で」

有岡君に「すごいねぇ」と笑われ、そばにいた山田君からも「面白いねぇ」と言ってもらえた。

ここがチャンスだと思って、

「山田君が大好きなんですよ。カッコいいですよね」

と話してみたら、

「おおー！　ありがとう！　嬉しいね」

「握手していいっすか？」

「おお、いいよ、いいよ」

と、肩まで組んでくれる、嬉しすぎる展開になった。

「頑張って、『少クラ』でも一緒に歌える日が来たらいいね」

とまで言ってくれたので、僕はイチコロで落ちた。

だが、さらに衝撃だったのはその次の瞬間だ。

スタッフから「本番行きまーす」と声がかかると、たったいままで談笑していた山田君が緞帳《どんちょう》のうしろでスタンバイし、「三、二、一」で本番がスタート、完全にスイッチが入った姿は、カッコよすぎて、圧倒された。

『少クラ』の収録が終わり、東京へ来たときの新幹線代と帰りのチケットをもらい、出演していたセクゾの松島聡も静岡に帰るというので、同じ新幹線に乗って豊橋へ帰った。

ジャニーさんから東京国際フォーラムへ呼び出されて飛び入りで歌った僕は、そのままジャニーズJr.の一員となった。

だから僕がジャニーズに入ったのは、二〇一二年の二月。その後中学校を卒業し、通信制の北海道芸術高校に入学した。ジャニーズは学業優先で、ちゃんと高校に行かないと活動を認めてもらえなかったからだ。

実はこのとき、僕は、有名な某マテ茶のＣＭのオーディションに合格していた。このＣＭは一年契約で、金銭面の条件もよかったが、ジャニーズJr.になった以上、お断わりするしかなかった。お母さんとしては、お金も欲しかったはずだ。でも、

「やっぱりジャニーズだよね」

と納得してくれた。

それ以降は、ジャニーズJr.としての仕事が入るたびに、いきなり呼ばれることが続いた。

ただ、レッスンにも通わず、突然現れてセンターで歌う僕は、ほかのジュニアからは明らかに嫌われていた。セクゾの『Ｒｅａｌ Ｓｅｘｙ！』のＭＶ（ミュージックビデオ）では佐藤勝利がセンター、僕とのちのキンプリの岸優太がシンメで、横には神宮寺勇太と岩橋玄樹もいた。

僕と同時期に、同じような〝特別枠〟でジャニーズに入ったのが、平野紫耀だ。僕が東京国際フォーラムで歌ったのと同様に、セクゾのコンサートに飛び入り参加して、ダンスを披露したのだ。平野も愛知県の出身で、通っていた名古屋のダンススクールの先生からジャニーさんを紹介されたという。

その後のセクゾの大阪公演に、同じダンススクール出身の福澤侑と平野と僕の三人

で出た。それを見たジャニーさんが「このまま三人で組ませよう」と考えたのだろう。そこで入った仕事が、大阪松竹座の公演だった。

ジャニーさんから電話がかかってきて、こう言われた。

「もうけっこうリハが進んじゃってるけど、君たちの春休み中二週間、大阪にホテルも用意するから、泊まり込みで出なよ」

それはジュニアだけが出演する春の公演で、のちにジャニーズWESTとなるメンバーが全員いた。みんな実家から通っているのに、僕ら三人だけホテルから通うのは異例のことだった。ジャスティン・ビーバーを歌った少年と、ダンスで入った二人の少年。この三人は「名古屋ジュニア」と命名され、僕がセンター、平野と侑がサイドで踊ることとなった。

だが、関西ジュニアの公演に、急きょ、名古屋ジュニアというよそ者が入ったのだ。立ち位置などもすべて決まっていたのに、僕たち三人が入ったせいで、別の三人がどかされることになった。しかも僕たちは、オープニングも任された。

関西ジュニアのメンバーにすれば、面白いわけがない。

しばらく味わっていなかった、小学生時代の〝よそ者感〟を思い出した。自由なストリートバスケから学校生活へ引き戻されたような感覚も同時に思い出した。それはイメージしていたジャスティン・ビーバーの姿とは違った。ジャスティンはデビューに際して、集団行動など求められなかっただろうから。

ユーは黒色だよ

ジャニーズは、東京よりも関西のほうがダンスのレベルが高い。

平野たちはダンススクール出身だけあって、大阪のダンサーに交じってもやれるレベルだった。一方の僕は、ダンス未経験で、しかもセンター。未経験者も多かった東京でのコンサートなら誤魔化せたが、大阪では明らかに見劣りがした。「名古屋ジュニア」はプロとして扱われていたのに、僕はダンスの用語さえわからない。

振付師のＳＥＩＧＯさんから、

「オープニングの振り付け、自分で作ってツーエイト踊って」

という指示があったときも、

「ツーエイトって何ですか?」

って聞くしかなかった。

「ふざけてんの?」

とSEIGOさん。「一、二、三、四、五、六、七、八」が「ワンエイト」で、これがダンスの基本。「二、二、三、四、五、六、七、八」で「ツーエイト」となる。そんな初歩的な知識すら、僕にはなかった。

ジャニーさんの推しでやって来たからどんなにすごいのかと思われていた僕は、一日目のレッスンから振付師に怒られ、関西ジュニアみんなから笑われた。これが転校生なら、初日で終了ってヤツだ。

レッスンの動画を撮って、ホテルの部屋に帰ってから練習したが、平野とは圧倒的な差がついていた。僕の出る曲数は彼の半分だったのに、オープニングでは堂々とセンターなものだから、「何、あいつ? 楽な仕事してゼロ番(=センター)やって」という目でみんなから見られた。

そしていつの間にかなぜか、「カウアンはほかのメンバーのバックで踊りたくないから、やりたい仕事しかやらないんだ」というイメージまで作られてしまった。

関西ジュニアたちはずっと大阪にいるから、僕が東京国際フォーラムで歌った姿も見ていない。だから「あの二人は踊れるからわかるよ。でもセンターは何やねん？しかも外国人だし」という声が耳に入ってきた。松竹座の公演が終わる頃には、ＳＥＩＧＯさんは、僕と目も合わせてくれなくなった。

それでもなんとかやり通したら、初めてファンがついた。帰り道にファンレターを手渡されたのだ。

「国際フォーラムは見てないけど、話題になったのを知ってました。今日見て、ファンになりました」

そんなふうに書いてあった手紙の文面はよく覚えている。好きな女の子に渡したラブレターを側溝に捨てられた小四のときの忌まわしい記憶が、なぜか、その手紙に重なった。

公演中にも、「カウアン」と書かれたウチワが客席にチラホラと見えるようになった。自分にもファンがいる。

そう思うと、「カッコ悪いところを見せたくない」というプロ意識もむくむくと湧き上がってきた。

だが、大阪での公演を終えて豊橋に帰ったあと、ジャニーズ事務所からまったく連絡が来なくなった。一カ月経っても何の音沙汰もなく、二カ月目に入ったとき、自分からジャニーさんに電話をかけた。

そしたら、こんなことを言われてしまった。

「ユーは黒色だよ。どんな色にも染まらないけど、ほかの色を濁らせる。だからユーは、センターじゃなきゃいらないよ」

電話口のジャニーさんはかなり怒っている。

「でもセンターになるためには、ダンスもできなくちゃダメだよ。聞いたよ。全然ダメだったんでしょ。ヤバいよ、それじゃ」

電話を切った僕は落ち込んでしまって、お母さんに相談した。

「ダンス習うしかないね。練習してから動画を撮って見せないと、次は呼んでもらえないよ」

家は裕福じゃないのに、お母さんは「レッスン代を出す」と言ってくれたのだ。僕はすぐに豊橋にあるダンススクールを探し、その中から二カ所を選んでレッスンに通うことになった。ヒップホップとジャズヒップホップのレッスンだった。

ただ、当時の僕は身体が硬く、慣れないリズムにも戸惑ってしまって、ダンスどころではなかった。だからまず、基礎となるストレッチとリズムトレーニングから始めた。そして週に一回ずつ二時間のレッスンに通う以外にも、家の鏡の前で毎日八時間くらいぶっ続けで練習し、それを動画に撮っては何度も確認した。練習漬けの日々を送っているうちに、鏡に映る自分の姿がどんどん変わっていくのがわかった。

レッスンに通い始めてから数カ月後、ジャズヒップホップのダンススクールで発表会があり、僕はセンターで踊る機会をもらった。ジャニーさんが大好きなマイケル・ジャクソンの曲だった。その動画を大阪のSEIGOさんに送ったら、それを見たSEIGOさんはとてもビックリしたらしい。

「これ、カウアンなの？」

「あんな酷い状態からここまで踊れるようになるヤツは、見たことがない」

そう言って感心したSEIGOさんは、ジャニーさんに動画を転送してくれた。するとジャニーさんから久しぶりに電話が来た。

「明日、MVの撮影があるんだけど、東京来る？」

そこから風向きが変わり、しばしば声がかかるようになっていった。

「おいっ！　テメェ！　こっち来い！」

その後やった仕事の中で、ＮＨＫの『ザ少年倶楽部』では、とても苦い経験をした。あれは、ダンスでセンターを任されることが決まっていた二度目の出演のときだったと思う。あと二時間あるから、歌、ダンスの振り付け、質問コーナーの受け答えなどもすべて準備できると考えていたら、番組の女性スタッフから急に言われた。

「このコーナーと、このコーナーにも出て。本番は十八時。いま十六時だから、十六時半にスタジオに入ってもらって、十七時と十七時半からリハーサルするから」

頭の中で計算すると、ダンスをゼロから覚える時間が、たった十五分ぐらいしかない。ほかのジュニアと違って、僕は別の現場で仕事をしたあとに来ていたので、振り付けをまだ知らなかった。踊れなくて干された経験のある僕にとって、振り付けを覚えられないのは恐怖でしかない。テレビでセンターなのに一人だけ踊れなければ、また干されてしまうかもしれないじゃないか。

「すみません。ダンスを覚える時間がないのですが、どうしたらいいのでしょうか？」

と、そのスタッフに聞いた。当時の僕は、聞く相手を間違えてしまったことに気がつかなかった。その場にいるのは、みんなジャニーズ事務所の人だと思っていたからだ。

番組のスタッフにすれば、こちらの事情など関係ない。ほかの誰もが喉から手が出るほどコーナーに出たがっているのに、僕は「ダンスの練習をしたい」と文句を言っているように聞こえたのだ。当然カチンと来たはずだが、彼女はそんな思いは表情に出さず、こう言った。

「あ、そうなんだー。ちょっと聞いてくるね」

その言葉を真に受けた僕は、出番までの時間を調整してくれるのだろうと思って待っていた。そしたら、サンチェさんから呼び出された。そして、みんながいる前でこう怒鳴られたのだ。

「おいっ！　テメェ！　こっち来い！　出たくないっつった？　コーナー出たくないっつったのか？」

「いや、言ってないです」

「調子乗ってんじゃねぇぞ！　だいぶ偉そうだなぁ！」

「いや、本当に言ってないです」

こんなふうに答えていたらおおごとになって、さっきの女性スタッフの前へ連れていかれた。

「彼女が嘘ついてんのか？　おまえのためにコーナー用意してさぁ。みんなそれをやりたいのに、どうすんだよ。舐めてんの？」

と、サンチェさんがぶち切れた。ついに僕は泣き出してしまったが、

「泣いてんじゃねえよ、くそガキ！」

サンチェさんの怒りは収まらない。その女性スタッフは「いいんですよ」ととりなすんだけど、彼女の目が、その言葉と腹の中が別だということを物語っていた。僕のことを潰しに来たんだ。そう思った瞬間、僕は希望も何もかも失って、

「ホント申し訳ないです。すみません」

と何度も謝った。

サンチェさんからは、「もう出なくていいよ。帰れ」と言われたけど、結局、僕が出なくなると収録の時間が足りなくなってしまうという理由で、センターで踊る曲だけ出て、ほかのコーナーへの出演は全部なくなった。

収録が終わって帰る前にサンチェさんの楽屋へ謝りに行くと、こう言われた。

「あのスタッフがどういう人か、わかる？　山P（山下智久・NEWSの元メンバー）を売った人だよ。まったく同じ対応をしてくれて、山Pは全部を手に入れた。おまえは自分で潰したんだ。あの人は、もうおまえのことが嫌なんだよ。わかるだろ？そんな方とケンカできると思うか？　無理だろ」

イッツ・ザ・大人の事情だった。

〝この世界って、やべぇんだな〟

と思い知った僕に、サンチェさんはダメ押しのように告げた。

「だからおまえ、『少クラ』はもう無理だよ。ジャニーさんにも言っておけ、自分で」

「わかりました」

もともとジャニーさんが僕のために、その女性スタッフに声をかけてくれていた。おかげでコーナーが用意されたのに、僕は自分でチャンスを潰してしまったのだ。

〝もう終わったな〟と落ち込みながら、帰り道でジャニーさんに電話をかけた。

「たぶん連絡行くと思うんですけども、こういうことがあったんです」

数日後、ジャニーさんの家へ行き、ジュニア十人ぐらいとご飯を食べていたら、ジ

ヤニーさんが突然、

「みんな聞いて。こいつさ」

と僕を指さした。

「こいつ、マジで度胸ヤバいよ。『少クラ』で、『自分がやりたいことしか、やりたくない』って威張ってたんだよ」

からかい半分の口調だったが、みんなもちろん「はぁ?」とビックリだ。

「いや。それはマジで違うよ」

僕は急いで言い訳したが、

「こいつ、度胸ヤバいよ。頭おかしいよね」

と、ジャニーさんはジュニアと一緒に笑うばかりだった。

実際にそのあと一年、『少クラ』に出演する機会は与えられなかった。僕は、大事なことを学んだ。この世界で「NO」は許されない。「やれる?」と聞かれて「無理」と答えたら、「帰れ」だ。「やれる?」と聞かれたら、答えは「やれます」しかない。ただしミスったら、ジ・エンドだ。

退くも地獄。行くも地獄。その上を行く精神力と実力を兼ね備えなければ、生き残れないと悟った。そして「これから先は、何があっても乗り越える」と覚悟を決めた。ある意味で、人生に対して吹っ切れた出来事でもあった。

上京しないとキツいね

それからしばらく経ったある日。ジャニーさんとの会話で、僕は「もっと仕事したいです」と訴えた。

ジャニーさんの答えはこうだった。

「これ以上売れるためには、上京しないとキツいね。どっちでもいいけど。任せるよ」

僕はとりあえず「わかった」と答え、上京してからジャニーさんに事後報告の形で伝えようと心に決めた。〝まずは行動で示そう〟と思ったのだ。すぐ親に東京に行きたいと話し、一週間ぐらいで住む場所を決め、一人で上京した。二〇一四年の春のことだ。

マンションを借りたのは埼玉県の川口市。川口に住むことにしたのは、東京に近くて家賃が安かったからだ。駅から徒歩十分ぐらいの場所にあるワンルームマンションで、家賃は月五万円。一応芸能人だから、オートロックの物件にした。お母さんが英語のサイトで見つけてくれたマンションだった。

余談になるけど、川口の部屋に住んでいたときには、こんなことがあった。「ジャニオタ」と呼ばれるファンの中には、ジュニアを含むジャニーズのアイドルの追っかけをするうえで、いくつもの暗黙のルールがある。タレントの家を訪ねたりしないというのはもちろん基本中の基本のルールだ。だが、「やらかし」と呼ばれる困ったファンは、アイドルと接近するために、それらのルールを、平気で破ってしまうのだ。

僕が最寄りの駅から歩いて帰るとき、マンションまではわりと一本道だったのだが、後ろから一人の女の子が付いてきたことがあった。ジャニオタの子は不思議なんだけど、服装の雰囲気でだいたいわかる。僕はライブ終わりだったが、その子はでっかい袋を持っていた。よく見ると、ウチワの持ち手の先が袋から飛び出てる。

ふいに後ろを振り向いたら、その子はミスタードーナツに入っていった。ん、気のせいか。また歩き出して、しばらくしてパッと見たら、今度はケンタッキーに入っていった。「ミスタードーナツに寄ったすぐあとに、ケンタッキーを食べるわけがない」。これはまだ付いてくるだろうと思ったら、やっぱり思った通りだった。事務所の決まりでは、ファンには声をかけたりせずに無視しなきゃいけないということになっている。たとえ自分のファンに対してもだ。だけど、このままだと家に着いてしまうと思ったので、また振り返って、彼女に声をかけた。

「付いてきてますよね？」

でも彼女は、

「いや、そんなことないです」

と言う。だから僕も、

「あの、僕の家って、すぐ向かいが警察署なんですけど、大丈夫ですか？」

と返したら、ビビった様子で、ようやく諦めて帰っていった。

ジャニオタたちの情報収集力には本当に驚かされる。

これもライブのあとで、ジュニアたちと電車で帰ったときのこと。「やらかし」の女の子たちをまくために僕らは走ったが、ホームまで追いかけられてしまった。そして、実際に乗る電車が着くホームの反対側のホームで待ち、電車が来たらパッと乗り込んだ。さすがに女の子たちはその車両に乗り込めなかった。ハァーッと一息ついて、急遽決まった次の現場に向かうために二十分ほど乗って電車を降りた。すると、さっきの女の子たちがそこにいたのだ。どうやってここまで来たの？　タクシー？　次の現場、僕もさっき知ったばかりなのに、なんで知ってるの？

バイトジュニア

当時のジュニアは、関東圏か関西圏の実家に住んでいるメンバーばかりだった。

僕のように、一人で上京して一人暮らしをしている者は珍しい。家賃のほかに、交通費や光熱費。生活費だけで最低十万円は必要だった。親に仕送りをさせるわけにはいかないから、バイトしなければ暮らしていけない。バイト先は、牛丼の松屋に、セブン-イレブン。派遣会社に登録して、工場で検品作業をしたり、宅急便のヤマトで働いたり、ほかにもいろんなバイトをやった。そんなジュニアは珍しいから、僕はジャニオタから、「バイトジュニア」と呼ばれるようになった。

「ユー、本当に上京したんだ」

感心してくれたジャニーさんは、一気に仕事を入れてくれるようになった。東京ドームのコンサートで神宮寺と岩橋と一緒に「カウアン！」と紹介され、五万人から「キャーッ！」と騒がれた数時間後、朝番でセブンのレジに立つのは不思議な気持ちだった。そういう頑張りは、僕しか経験しなかったに違いない。

そのうち、バイト先で顔バレし始めた。セブンで働いている様子を写真に撮られてネットに載せられ、「セブンバイトジュニア」と呼ばれたりした。

セブンでは豊橋時代もバイトしていて、そのとき、のちのＳｉｘＴＯＮＥＳとキンプリのメンバーと僕で、芸能雑誌『Ｍｙｏｊｏ』の表紙に載ったことがある。その『Ｍｙｏｊｏ』は、僕がバイトしているセブンでも売られていた。ジャニオタの女の子たちが店へ来て、いきなりレジに雑誌を置いて「サイン書いてもらっていいですか？」と頼まれたこともあった。

ジュニアとしての仕事がないときは、昼も夜も掛け持ちでバイトした。人生で一番バイトした時期だったが、ジュニアの仕事は不定期だから松屋やセブンは決められたシフト通りに入れず、長く続けることができなかった。

サカイ引越センターに出合って、サカイが最も融通が利くバイトだとわかった。連絡すれば次の日に働けるし、一日働けば日払いで一万円もらえる。仕事は厳しかったが、冷蔵庫を一人で背負って運んだりして頑張った。

ジャニーズのギャラは舞台が一番よくて、一公演で一万円。昼夜二公演ある日は二万円だ。毎日出ていれば六十万円になる月もある。ただし、振り込みは三カ月ごとにまとめてだったから、一度に百万円もらったり、二万円しかなかったり。僕らの懐はいつも不安定だった。一カ月ずっと舞台に出ているとバイトはできない。だから、家賃が払えなくなって、やむを得ず親に仕送りしてもらったこともある。生活は、けっこう大変だった。

稼いだお金は生活費のほか、高校の奨学金の返済や、自分で通い始めたボイストレーニングやダンススクールの費用にも充てた。ダンスのレッスンはジャニーズにもあったが、不定期だし、正直言ってレベルが低かった。バク転などの練習をするためアクロバットも習いに通ったから、習い事だけで月に五万円くらい必要だった。

個人でレッスンを受けているメンバーはたくさんいたし、そういう人ほどよく伸びた。学校とジャニーズを往復しているだけのヤツは、存在が希薄になっていく。僕はジャニーさんとしか連絡を取っていなかったから、「管轄外」のような扱いで、ジャニーズJr.のリストにもほぼ入っていなかった。いわばジャニーさんの「直轄」で、ジャニーさんが声を上げてくれなければ、仕事が入ってくるかどうかは振付師の気分次第だった。

現場は、振付師が仕切っている。他人よりダンスが踊れるとか、とても歌が上手いとか、突出する何かがないと目立たないし、ジャニーズでは輝けない。僕は「ブラジル」という看板を前面に出して、ポルトガル語を喋る唯一無二のキャラを打ち立てようとした。

ジャニーズのタレントは独特だ。CDデビューできれば、成功がほぼ保証される。ジュニアはCDデビューさえすれば、ダンスが踊れなくても歌が下手でも誤魔化せてしまう。バラエティ番組が仕事のメインになるし、専属のマネージャーがついて一気に体制が変わるからだ。芸能界では普通、デビューしたあと売れるかどうかが問題だから、まったく逆なのだ。

ほかのメンバーに差をつけるための手っ取り早い方法は、ドラマに出て人気を得ることだった。歌やダンスが下手でも、ドラマに出てファンをつかみ、バラエティにも出る。その先にデビューがある。

だからドラマ出演の機会を、誰もがガチで狙っていた。

そして僕は、そのチャンスを得た。

『GTO』に出演

上京を報告した二日後ぐらいだっただろうか。ジャニーさんから電話があった。ジャニーさんから電話がかかってくるときは、何かを見学しに行くか、仕事が入ったかだ。そのどっちだろうと思って出てみると、僕が想像もしなかった話だった。

「ユー、『GTO』ってわかる？」

「うん。有名なドラマだよね」

「ユーにぴったしの役があったから、決めといた」

「え？　そうなんですか？」

「うん、もう決まったから頑張ってね。じゃあね」

電話はそれだけで切れた。

実感がないまま驚いていていたら、間もなくマネージャーから撮影日程を知らせる電話があった。

一九九八年に反町隆史さん主演で大ヒットした学園ドラマ『ＧＴＯ』（フジテレビ系）。そのリメイク版が、二〇一四年に制作された。今度の主演はＥＸＩＬＥのＡＫＩＲＡさん。僕が任されたのは、ミュージシャン志望の大場拓矢という生徒の役だった。『ＧＴＯ』に生徒役で出演した人は、そのあとみんな売れている。例えば、松岡茉優、小芝風花、片寄涼太がそうだ。ジャニーズを代表して出たのが、セクゾの菊池風磨と僕だった。通信制の高校に通っていた僕にとって、学園ドラマの撮影はまさに青春だった。

撮影は毎日のようにあったから、バイトに行ける機会は減った。それでも僕はサカイ引越センターの青い作業服をカバンに詰めて、リハーサルに通った。ジャニーさんのマンションに泊まる日が増えたのは、撮影やバイトが終わってから川口まで帰るのが面倒だったたし、なるべくジャニーさんの近くにいたかったからだ。それに、そうしたほうがチャンスが転がっていると思ったからだ――。

デビュー路線へ

『GTO』とほぼ同じタイミングで、『Rの法則』(Eテレ)への出演も決まった。十代向けの教養バラエティだ。「R」というのは、リサーチとランキングのこと。ひとつのニュースやテーマに関して、十代の目線で話し合う番組だった。「R's」と呼ばれる十代の出演者が街でリサーチした結果をランキングにして、それをもとに出演者たちがトークを繰り広げる。僕は第五期のR'sメンバーとして出演することになった。

このときも、ジャニーさんから電話があった。

「ユー、バラエティとかも出たほうがいいよ。ユーのことを言っといたから」

この番組は司会をしていたTOKIOの山口達也さんが事件を起こしてしまい、最後は打ち切りになってしまった。しかし僕は、山口さんには本当に感謝している。あることで悩んでいたとき、誰も気づかないのに山口さんだけが気づいて、こう声をかけてくれたんだ。

「カウアン、調子どう？　何かあったら俺に言いな」

山口さんは自宅からタンクトップ姿でランニングしながらNHKへ来て、お風呂に入って着替えてスタジオ入りするような変わった人。効率よすぎます、と思った。

パンサーの向井慧さんも、僕のことをイジってくれた。バラエティ向きの僕のキャラが初めて活かされた番組が、『Rの法則』だった。

雑学的なテーマもあって、レモンの効用を取り上げた回では「ワキガにはレモンを塗ったら効く」というトピックを紹介した。僕はレモンの被り物をして「レモアン」として登場。その回は、「すごい視聴率だった」と言われた。

『GTO』や『Rの法則』というメジャーなテレビ番組への出演が決まった二〇一四年は、僕の飛躍の年になった。

マネージャーからの連絡も定期的になり、仕事が一気に増えた。先輩グループのライブに出て、ゲストとして歌う機会も多かった。特にその二番組に出たおかげで、マネージャーとのやりとりが増え、事務所が管轄するメンバーに入れたことの意味は大きい。

僕に対する風向きが変わり始めると、周りのジュニアたちの手のひら返しがすごかった。それまでは声をかけてくることなんてなかったのに、買い物や食事に誘われるようになったのだ。

彼らは実家に住んで不自由なく暮らしているから、十代の学生なのに給料を好きなように使っていた。給料が七十万円入ってきたら、三十万円もするクロムハーツのネックレスを買ったり、高級焼き肉を食べに行ったりしていた。「すげえ世界だな」と思った。僕は一緒に行っても高い服なんか買えないから、そんな付き合いに馴染めなかった。

レギュラーの仕事が増えると、クビになることはそうそうないだろうとも感じるようになった。とはいえ、ＣＤデビューはいつできるかわからないし、いつ仕事がなくなるかもわからないという恐怖は消えなかった。だから手元に二十万円あったとしても、僕は彼らみたいには使えない。家賃を払わなきゃいけないし、来月は何の仕事が入るのか、どのくらいバイトができるのか、読めないからだ。

ジュニアの仕事は基本的に、ジャニーズの先輩のコンサートや、ジャニーズだけが出演する番組に限られる。だからジャニーズ外の仕事をするのは、ひとつ先のステージへと進むことになる。ジャニーズを代表して行くのだから、ほかのメンバーでは替えが利かない存在にならなければダメだ。それに加えて、ジャニーズファン以外の目にも留まるから、一般的な知名度も上がる。言い換えれば、ジュニアとしては最終段階。デビュー路線を歩み始めたことになる。

そうなれば、自分の意識も変わる。

デビュー組と一緒に行動するようになるから、〝これが俺の生活になるのか〟という実感がおのずと湧いてくる。一年頑張って、二〇一四年が終わる頃には、僕も〝このままいけば、確実にデビューできる〟と思い始めた。

しかしそれでも、活動の中で音楽の比重が低いことに、満たされない思いも強かった。

第四章　YOU

「マンション」と「プール」

僕はジャニーさんの青山のタワーマンションの鍵を、いまでも持っている。

ジャニーさんのお気に入りになると、マンションのカードキーを渡されるのだ。鍵をもらえるジュニアは本当に限られていて、ほぼ全員がその後、デビューしたと言っていい。

マンションは、『ザ少年倶楽部』などの撮影が行われていてジュニアたちがリハーサル室を使えたNHKからも歩いて行ける距離にある。その最上階の、二つの部屋をひとつに繋げたジャニーさんの自宅は、第一章でも書いたような大豪邸だった。円柱に埋め込まれた水槽、ジャグジー、カラオケルーム、ゲーム機が置かれたシアタールーム。まだ十代の子供だった僕たちにとっては夢のような場所だった。

部屋に何日もいると、ジャニーさんから、

「ユー、持っておきな。好きなときに来ていいよ」

と、さらっと鍵を渡される。ルール的にも、鍵をもらった人は好きなときに勝手に出入りしていいことになる。

鍵を持っていない人がマンションを訪ねるときは、ジャニーさんに前もって一報を入れなければいけない。泊まる人数が多すぎると、寝る場所がなくなってしまうからだ。そんなときは、メールではなく電話をかける。

「ジャニーさん、行っていい？」

「いいよ」と言われる場合もあれば、「ダメ」と断られる場合もある。

だから、鍵を持っていない人は、（鍵を持たされている）ジャニーさんの「オキニ（お気に入り）」のジュニアからジャニーさんに頼んでもらう、ということもよくあった。

ただ、ジャニーさんがカードキーのコピーをあまりにたくさん作って渡しすぎたせいで、マンション側から注意も受けたらしい。そのあとは、同じ鍵を数人で使い回すようになった。

僕が鍵をもらったのは、ジャニーさんの勧めに従って上京したあとだった。

マンションの部屋は三十四階だから、窓から代々木公園や渋谷の街が見える。ジャニーさんは渋谷のＮＨＫの近くにも、商業ビルの最上階にプール付きのマンションを持っていた。公園通りに面していて、隣にはファミレスがあった。「マンション」と区別する意味でも、ジュニアの間で「プール」と呼ばれていたその部屋も、お気に入りのメンバーはカードキーをもらえた。勝手に行ってカードキーでピッと鍵を解除して、プールで遊ぶことができるのだ。

青山のマンションのリビングには望遠鏡が置いてあって、五百メートルくらい先にある渋谷の部屋のプールを覗けるようになっていた。時々、ジャニーさんは望遠鏡を覗きながら、「今日は誰と誰が来ている」とぶつぶつ呟いていた。そしてジュニアたちがプールで騒いでいる様子を見ては、「あぁーっ！　もう暴れてる」と怒ることもあった。そんなときは望遠鏡を覗きながら、電話をかける。

「ユーたち、プールに入ってるでしょ。ダメだよ。今日はプール入っちゃダメだよ」

ある日、渋谷のプールにあったテレビが壊れていた。理由を聞いたところ、少し前に事件があったようだった。犯人は、ジャニーさんの留守中に家具を盗み出していたバカなジュニア。彼がテレビを盗もうとしてコードを抜いて抱えたところへ、急にジャニーさんが帰って来た。そいつはそうすればバレないとでも思ったのか、ドアが開いた瞬間、テレビごとプールの中へ飛び込んだのだという。誰だかわからないが、めっちゃバカだと思う。

こんな事件もあった。ジャニーさんのいないときに、女の子を連れ込んだジュニアがいて、騒ぎすぎたために苦情が入ったのだ。それがあったから、急にプールには行けなくなった。僕もプールには一、二回しか行けていない。

自分の印象では、自宅マンションに入れるのはジャニーさんにとって「一軍」で、プールの方は「二軍」。家には来なくていいけれど、まぁ一応、プールぐらいは来てもいいよという感じだった。だからまだまだヤンチャなジュニアも多く、事件も起こりやすかったのだろう。

カウアン、早く寝なよ

正直、ジャニーズ事務所に入るまで、ジャニーさんがジュニアを襲うという話は聞いたことがなかった。

でも、ジャニーさんに初めて会って家に泊まった日に、すでに不穏な空気は感じていた。

ジャニーさんに肩を揉まれたとき、ほかのジュニアがいきなり「うわっ」って声を出したからだ。僕は意味がまったく分からなくて、あとで「何が『うわっ』なの？」と聞いたら、

「いや……肩揉まれてたねぇ。あぁ……ま、でも頑張れ」

と言われた。

それで、何かある、何か乗り越えないといけないものがある、ということはわかったけど、「何かの試験があるのかな」ぐらいのイメージで、特に怖くはなかった。だって、ほかのジュニアたちもみんな乗り越えられたということだから。

その日は何もなかった。それは僕が夜中ずっとお母さんと長電話していたからだと思うけれど。

その後、ちょっと心配になって、インターネットで自分でも調べてみた。そうすると、「ジャニーさんがジュニアを襲っている」という噂話が出てきた。確かにジャニーさんには、ちょっと不気味な印象もあった。でも具体的にどの程度の行為なのかがよく分からなかった。

少し触るだけなのか、セクハラレベルなのか、それとも、レイプぐらい酷いものかな

のか。僕には同性愛の経験もないし、いまいちイメージが湧かなかった。だから最初は半信半疑の状態ではあった。

二〇一二年三月、ジャニーズに入って割とすぐのことだった。

東京での仕事を終えて、ほかのジュニアたちと一緒にジャニーさんの家に行って、泊まることになった。

家に行くのは、外でご飯を食べてからのときもあるし、家で出前を取るときもある。着くのはだいたい八時とか九時頃。収録などの仕事を終えたあとだと、やはりそのぐらいの時間にはなってしまう。

ジャニーさんは家ではだいたい、電話していたり、新聞やテレビを見ていたり、僕らと喋ったり。でも基本的には口数が少ない人なので、そこにいるだけという感じ。自分の部屋にいることも多いし、なんなら仕事で留守にしていることもある。実はジャニーさんがいない方が、学校みたいな感じで、皆で遊べて楽しいのだけど。

当時はもう八十歳を超えていたので、体力的なこともあったのかもしれない。寝るのも早かった。ベッドではなく、ソファで十時とか十一時には寝てしまう。でも眠りが浅いのか、夜中には起き出して活動を始める。そして、また二時に寝たりするのだった。

この日は、リビングでほかのジュニアたちと出前の夕食を食べていた。

するとジャニーさんがこちらに近付いてきて、僕の肩をマッサージしながら、こう言った。

「ユーたち早く寝なよ。カウアン、早く寝なよ」

外国人的な名前は覚えやすいのか、ジャニーズJr.になってまだ一カ月くらいしか経っていなかったのに、「カウアン」という名前はすでに覚えられていた。

思えばそれが、ターゲットを決めたという合図だったんだろう。

ほかのジュニアもそれで「今日はカウアンか」と気づいたと思う。

その日はジャニーさんの部屋から近い部屋で寝ることになった。ジャニーさんから「寝なよ」と言われたときは、ジャニーさんの寝室か近くの部屋に寝ないと、翌日すごく機嫌が悪くなると聞いたからだ。部屋にはベッドが三つもあって、ほかのジュニアもそこに寝ていた。

ジャニーさんは深夜に目を覚ますと、家の中を歩き回る。カーテンを閉めたり、つけっぱなしになっている電気やテレビを消したり、ジュニアに布団をかけたり。ジュニアが遅くまで騒いでいないか、見回りをするのだ。その音がすると、「ああ、片付けが始まったなぁ」とわかる。同時にそれは、ジャニーさんが部屋に入ってくるまでの長い長い待ち時間でもあった。

サッサッサッサッ。サッサッサッサッ。

皆がすっかり寝静まった頃だ。廊下にスリッパの足音が響く。ジャニーさんは家でスリッパを履いているので、誰が歩いているのかがわかる。その足音が、僕の寝ている部屋の前で止まる。

まさか、今日？

寝付けずにまだ起きていた僕はそう思った。胸が張り裂けそうなぐらい心拍数が上がっていくのがわかる。間もなくドアが開き、廊下の光が部屋の中に入り込んでくる。ジャニーさんは見回りでカーテンを閉める際に、僕らがどこに寝ているのかを見分けていたのだと思う。薄明かりの中で、まっすぐに僕の寝ているところへと歩いてきた。スリッパの音が止まる。

下の方からベッドに入ってきて、布団を引きはがされた。そして僕の腰のあたりでジャニーさんが横になった。着ている浴衣の下半身をすぐにはだけさせられる。しわの多い手が直接身体に触れ、足のマッサージが始まった。

うわ、マジだ。

これ、ヤバくね⁉

でも、もしかしたらマッサージだけで終わるかもしれない……。

そんな淡い期待はすぐに打ち砕かれた。

徐々に手が上に伸びてきて、ブリーフのパンツの上から下半身を触られた。そしてパンツを簡単にスッと脱がされた。家で用意されているパンツがぶかぶかなのは、このためだったのだろう。

その時点で覚悟をした。手で触られて、そして口で……。

いちいち下の方を見ることはしなかったけど、口でされているというのは当然わかった。幸い、女性との行為はもう済ませていた。「初めてがジャニーさん」というジュニアもいたから、それに比べればましだと思うしかない。

気持ち悪ぃと思いながらも、ひたすら我慢した。緊張とか、強張るというのでもない。ただただ必死に、寝たふりを続けた。足を動かされても戻さないで、いかにも寝てる、という状態を演じ続けた。

理解してもらうのは難しいかもしれないが、気づいていないふりをした方が楽なのだ。気づいているのに拒否しなかったとしたら、まるでされることを「許可している」みたいで、そう思われたくはなかった。

もしも後で誰かに「された？」と聞かれたとしても、「知らない」「されたっけ？」と、とぼけられるように、寝たふりをするのだ。

行為は、とにかく歯が当たってめっちゃくちゃ痛い。それもあって、僕はイケなくて、途中でジャニーさんに寝られた。くわえられたまま。でもしばらくしたらまた動き始めた。さすがにもう諦めてほしかったので、途中で寝返りを打ったりしたけど、それでも終わらない。

どうしよう……そこでそのときに思いついたのが、AVを観ることだった。ケータイにイヤホンを付けて、ベッドの上の方にどかされていた布団に隠して、こっそりとAVを観始めた。たぶん気づかれていなかった。ジャニーさんが僕のベッドに入ってから、最終的に出ていくまでは、四時間くらい経っていたんじゃないだろうか。実際にされているのは一時間ぐらいだったと思うけれど、とてつもなく長い時間に感じた。

射精するとジャニーさんはそれを飲み込んで、隣の洗面所に向かっていった。何をするのかと思ったら、おもむろにイソジンでうがいをして、歯を磨くと部屋を出ていった。

カーテンを開けると、窓の外はもう白み始めていた。

全部で十五~二十回

そのときは、何よりも、ひとまず終わってよかったと思った。そして、ジャニーさんは何を考えているんだろうって……。

そのあと、すぐに寝たかどうかは記憶にない。

起きてリビングに行くと、周りのジュニアからは「やられた?」と聞かれたりした。みんなが当たり前のように被害に遭ったときの話をしていた。家に泊まりに行ったときにいた多くのジュニアが、すでにジャニーさんにされていたのだ。

「おはよう」

ジャニーさんからは、仕事に行く前に普通に挨拶をされた。あくまで僕は「寝ていた」というテイだから、何も不自然じゃない。

「ユー、仕事どこ？」

「いや、僕はこれで」

「じゃあ、一緒に出ようか」

そんな会話をして、マンションのエレベーターに二人で乗り込んだ。するとジャニーさんが小さく折りたたんだ一万円札を渡してきた。みんなもらっているという話を聞いていたから、やっぱりお金もらえるんだと思った記憶がある。ただ、そのときに限らず、お小遣いは度々もらっていた。「これでご飯でも食べに行きな」という感じで、「ユー、持っときなよ」って言われて渡されていた。

この日はそのまま駅に行き、新幹線で実家のある豊橋に戻った。

それからは、忘れるように仕事をした。

目の前のことに集中していた方が、気にしなくて済むからだ。ジャニーズは仕事で大変なことが多いから、「されることなんて大したことない」と思ってしまった面もある。

ジャニーさんとの距離も自然と近くなった。不思議なものだけど、されたことで、もう怖いものがなくなったという感覚にもなった。「仕事入れといたよ」というジャニーさんからのアピールもあった。二〇一四年に上京したあとは、マンションの鍵ももらえた。テレビ出演も決まった。ジャニーさんのお気に入りだという実感も、自分の中では確かにあった。

ジャニーさんは好き嫌いが激しい。許可を与えて家に呼んだはずなのに、話しかけないジュニアもいた。明らかにいないように扱う。すると気まずくなって、そのジュニアは来なくなる。その場のノリで、ジャニーさんが「入れるから来ていいよ」と言ったのに、まったく相手にしないのだ。ジャニーさんと一緒にいるときにジュニアから電話が入って、ジャニーさんが着信画面で誰から来た電話かを見ると、そのまま放ったらかしにして出ない、ということもあった。めっちゃ優しいときと、めっちゃ機嫌が悪いときがあって、それが毎日のようにめまぐるしく変わる。

口でしたのに、イケなかった翌日は特に最悪。顔を合わせても話しかけてくれなかったし、話しかけても「いま忙しいから」みたいな感じ。何だろう……男女でもそうだと思うけれど、自分で相手がイケないっていうのが、嫌なんじゃないだろうか。ジャニーさんにもそういうところがあった。

行為の最中、キスはされたことがなかった。のちのち聞くところによると、昔はされた人もいたらしい。僕の時代は基本的にすべてが下半身だけで終わった。昔はアナルセックスをされたジュニアもいたと聞くが、僕はそこまでの被害は受けたことはない。ディルドとローションが置いてあったのは見たことがある。でも、それも僕は使われたことはない。

正直に言うと、何度か行為を受けるうちに、大したことないと思うようになっていった。

変な話、出せばいいいっしょという気持ちも。ジャニーさんはそれだけで機嫌がよくなるし、ジャニーさんが普段持っている得体の知れない不気味さを出さなくなって、人として距離感が近くなる。それこそ、身体の関係を持った女の子がすごく心を開いてくるのと一緒だ。ジャニーさんのほうも、「この子は心を開いてくれた」と安心感を持てたんじゃないだろうか。

そして行為を受けながら、ジャニーさんのことを、かわいそうだなと思うようになった。

ジャニーさんは、コンプレックスの塊なんじゃないだろうか。お父さんは真言宗のお坊さんでとても厳しい人だったと、ネットの記事で読んだことがある。そんなお父さんを持ちながら、ゲイで子供が好きだという絶対的な秘密を抱えて、背もかなり低い。いまと違ってジャニーさんが若い頃は、同性愛というのはほぼ社会に受け入れられていなかったはずだ。そんなコンプレックスの塊だから、ギネス記録を持つプロデューサーとしてどれだけ名声を得ても、表舞台には決して出て来なかったのではないだろうか。行為をしたジュニアにお金を渡したのも、自分に自信がなくて、相手に対して申し訳ない気持ちがあったからじゃないだろうか。

僕はジャニーズに在籍していた二〇一六年までの四年間で、百回以上はジャニーさんの家に泊まっている。行為はされるときと、されないときがある。仕事が忙しくて自宅に帰るのが面倒くさくなってしまい、一週間ぐらい泊まっていたときは、二日連続でやられたこともある。

大阪の帝国ホテルでも、あった。コンサートや舞台の仕事で地方に行くと、ジャニーさんも現場にいる。挨拶回りとかにも一緒に付いてきて、終わってご飯を食べたら、「じゃあホテルに泊まるよ」と言われるのだ。

その日は、別のジュニアも含めた三人でスイートルームに泊まった。ジャニーさんは奥の方にある部屋に入っていった。「キング（ベッド）で二人で寝な」と言われたので、僕とそのジュニアはキングサイズのベッドに寝ていた。「今日は、ないのかな」と思っていたけど、夜中にやっぱりジャニーさんがやってきた。

実は動画も撮影している。撮ってやろうと思ったのは、一回目にされた後だ。調べてみると、スマホに暗視カメラというアプリがあった。それをダウンロードして、二回目にされたときに撮影をした。暗くてぼんやりしているけれど、顔も撮れている。見る人が見たらジャニーさんだとわかる映像だ。

いまのところ、この映像をどこかで公開するつもりはない。スマホだけでなく、いろいろなところに保存をしておいて、万が一のことを考え、〝最後の手段〟として取っておいている。

最後にされたのがいつだったのかは定かではないけれど、二〇一四年の終わり頃、僕が十八歳のときだったと思う。世間では、ジャニーさんは病気で倒れて以来、移動のときは車椅子を使っていたから、歩けていたはずはないという声もあるらしいが、この頃は普通に歩いていた。車の運転は二〇一三年頃にはやめていたけれど、車椅子を使うようになったのは、僕がジャニーズを辞めた二〇一六年くらいだったんじゃないだろうか。

ともかく合計で、おそらく十五～二十回ぐらいは被害に遭った。

それでもジャニーさんに……

それでも僕は、ジャニーさんに感謝している。

みんなが「なんで感謝しているの」とか、「そんなことされてなんで敬うの」とか思う気持ちも、もちろんわかる。でも別にグルーミングとか、マインドコントロールをされているわけではない。

ジャニーさんが未成年の子供たちにやったことは、人として許されることではない。性加害が悪であるのは確かだ。でも人間って、みんな完璧じゃないと僕は思っている。人間にはみんないいところもあるし、その一方で、ダメなところもあって、黒いところがある。人間って単純なものではない。

自分の親に虐待をされたと考えると、一番わかりやすいのかもしれない。そういうこともされたけれども、例えば育ててくれたことも全部チャラになっちゃうの？　それは別なのではないだろうか。虐待されたとして、そのとき親のすべてを否定してしまうと、そんな腐った親から生まれた自分はどうなんだ、自分もダメな遺伝子を持っているんじゃないかなどと考えることに繋がりかねない。そして最終的に、自分が腐っていってしまうんじゃないかと、僕は思っている。

シンプルに言って、僕はジャニーさんに人生を変えてもらったし、ジャニーズ事務所からはエンターテインメントとは何かを学ばせてもらった。

単なる十五歳の田舎の少年が、いきなり東京に呼ばれて大勢の観客の前に立たせてもらったわけで、それは絶対にほかではできない経験だった。やっぱりジャニーズというだけで、特別扱いはされるし、ジャニーさんはそれを作り上げた天才的なプロデューサーでもある。

ジャニーさんって、もちろん性加害の問題はあるんだけど、それ以外の面では、やっぱりトップだなと思うことが多かった。それなのに、偉そうに振る舞うことも全然なく、僕らとも普通に接してくれる。だからほかの会社の社長で偉そうにしている人を見ると、「ちっちぇえな」と思う。ジャニーさんのすごさを知っちゃってるから。

だから僕はあの人のすべてを否定することはできない。

誰に何を言われようとも。

第五章

退所

グループに人生を預けられない

二〇一四年、僕は十八歳になっていた。テレビや舞台の仕事はあったけど、二十歳までにデビューしなければ、そのままジュニアのメンバーとしてずるずる行きそうな予感があった。

ジャニーズからデビューするグループには、二つのパターンがある。ＳｅｘｙＺｏｎｅのようにゼロからグループを作るか、Ｋｉｓ－Ｍｙ－Ｆｔ２みたいに既存のユニットの人気が高まって、そのままデビューさせるかだ。

僕の場合、ジュニアとしての活動は増えたが、平野紫耀、神宮寺勇太、岩橋玄樹と四人で「ＳｅｘｙＢｏｙｚ」を組んだり、ほかの活動もしたりと、ポジションが定まらなかった。

自分の人生は組んだグループ次第なのか、と考えると疑問が湧いてきた。同じグループでも、メンバーの考え方はみんな違う。将来を深く考えている人もいれば、「とりあえずデビューできればいいや」程度の安易な考えの人もいる。

それぞれ実力の違いもあるし、ジャニーズ事務所のやり方も含めて、グループには自分の人生を預けられないと思うようになった。なぜ、グループにこだわらなければいけないのか。世界を目指すには、むしろ一人のほうがいいのではないか。いまの自分なら一人でデビューしても、ジャニーさんから受けた恩を返せると思った。

ジュニアの仕事が増えるにつれ、ジャニーズのてっぺんも見えてくる。このまま仕事が増え、人気が上がってデビューしても、同じ道をまっすぐに行くだけだからだ。バラエティ番組やドラマに出て、たまに音楽をやる。「これを一生やりたいのか？」と自分に問い、「それは違う」という答えが出た。音楽をやりたいという自分の元々の道から、外れることになるからだ。

一体何をすれば、ジャニーズからジャスティン・ビーバーのいる世界へ羽ばたけるのか？　まずは、自分の音楽のレベルをアピールしなければいけない。そう考えて、オリジナルの曲を作ることにした。

作曲はいきなりできないから、伝手を頼って、ＳＡＫＩＮＡさんという作曲家を紹介してもらった。世界に出ていくための曲調のイメージを話したら、メロディーが送られてきた。その日たまたま、僕はジャニーさんの家にいた。一回聴いて「めっちゃいい」と気に入り、すぐに歌詞を考えた。機材なんてないから、メロディーの上にボイスレコーダーで乗せていく。

そうやってできたのが、『ファンタジーダンス』という曲だ。世界で売ると決めていたから、歌詞はまずポルトガル語で書き、次に英語に訳した。最後に日本語。同じメロディーで、三つのバージョンを作ったのだ。

MVも手作りした。普通はプロデューサーや監督、衣装さんなどのスタッフが必要だが、主役兼監督の僕とカメラマンの二人だけ。ダンサーとキャストを用意して、僕がすべて指示を出し、代々木公園で撮った。普通は三日くらいかかるが、僕には、画角など自分の見せ方が完璧にわかるから、一日で撮り終えることができた。

さらにもう一曲作った。世界で何が必要とされるかを考えれば、多言語であること、ダンスのレベル、歌のレベルだ。どれもクリアされている。「あとステージに絶対に必要なのは、アーティスティックなピアノでの弾き語りの曲だな。それがスターの鉄則だ」と思った。『ファンタジーダンス』はサビでみんながノれるような曲だから、こっちは『レット・イット・ビー』や『ウィ・アー・ザ・ワールド』のイメージだ。

そこで、SAKINAさんにもう一曲作ってもらった。僕はピアノが弾けないから、ピアノを弾く手をビデオに撮って送ってもらい、練習して完コピした。だから『無限の愛』というこの曲だけは、弾き語りができる。こちらは、レコーディングスタジオでMVを撮った。

曲が二つとMVができたとき、〝絶対にいける〟と確信した。ジャニーさんに見せたら絶対、「ヤバい」って思うだろうなという自信があった。

YouTubeもダメだって

ジャニーさんに宛てて手紙を書いた。「この二曲をYouTubeに上げて、世界へ向けてソロデビューしたい」という内容だ。その手紙と、三言語の『ファンタジーダンス』とバラード『無限の愛』を歌っているPVを焼いたDVDを持って、ジャニーさんの部屋へ行った。

テレビを見ていたジャニーさんに、

「また来たよ、この子。カウアン、今度は何?」

とイジられたが、「見ておいて」とだけ言って、「カウアン世界計画」と銘打った茶封筒を机の上に置き、ジャニーさんのマンションを後にした。すると、十分もしないうちに、ジャニーさんから電話があった。

「ユー、いま見てるんだけどさ、これ、誰が作ったの?」

「いやいや。俺が作ったんだよ。手紙読んだ?」

「ああ、まだ読んでない。自分で作ったの? どういうこと? これ、すごすぎない? ちょっと戻ってきてくれる?」

と言われたので、急遽またマンションに戻った。

「俺、YouTubeでやりたいんだよね。世界に向けてソロデビューしたいんだよ」

「いいねぇ。あぁ、いいねぇ」

と頷いたジャニーさんは、

「ちょっと事務所行ってくる。プレゼンしてくる」

と言って、DVDと手紙を持って出ていった。

だが、二時間ほどあとに、電話があった。

「ダメだって言われちゃったよ。ソロデビューもYouTubeもダメだって」

ジャニーさんも落ち込んでいたが、それを聞いた僕はもっと落ち込んだ。

「カウアンを世界ソロデビューさせよう」とプレゼンをしてくれたが、事務所の人たちに認めてもらえなかったのだ。社長のジャニーさんがいいと言ってもデビューできないのか。

ジャニーズを辞めることを考えたのは、このときだった。

十八歳から曲を作り始め、ピアノを練習し、ジャニーズの仕事をやりながらMVを撮り、ジャニーさんに渡すまで一年かかっていた。僕には、二十歳になる瞬間が迫っていた。それまでは親やジャニーさんの意見に左右されてきたけれど、成人したら自分で全部決めなきゃいけないし、思いのままに生きたいと思っていた。

事務所でのプレゼンが退けられて部屋へ帰って来たジャニーさんは、

「ユーは本当にすごいよ。スターになれるよ。赤西仁（KAT-TUNを脱退後、日米でソロデビュー）を思い出すよ」

と慰めてくれた。

「ユーは二十歳までにデビューしたいって書いてたから、あと半年しかないね」

ジャニーさんに渡した手紙に、僕は次のように記していた。

〈このやり方が違うと言われるなら、僕は自分の力で世界へ行きます〉

本当は、ジャニーズを辞めたくなかった。

ジャニーズの一員として、世界へ出ていきたかった。しかしそれが許されないのなら、この先、何をどうやっても世界へ出ることはできない。

ジャニーさんも悩んでいた。この頃にはすでに、「僕、長くないよ」と弱音を漏らすことも増えていた。

「ＹｏｕＴｕｂｅはいいと思うけどね。僕もいついなくなるかわかんないから、ユーが決めな」

その日は、六本木で仕事があった。現場へ行くと、リハ場でサンチェさんから呼び出しを食らった。

「ジャニーさんがすごいプレゼンしてたよ。ＤＶＤ見たよ。確かにすごいし気持ちはわかるけどさ、ジャニーさんは忙しいから、やめてあげてほしいんだよね、そういうの。ジャニーさんは動いちゃうからさ、優しいから」

「あぁ、はい」

と大人しく聞いていたら、

「おまえ、ジン（赤西仁）みたいなこと、やりたいんでしょ。ＫｉｎＫｉ Ｋｉｄｓとジンが、YouTubeやりたいって言ったんだよ。で、キンキは事務所に残って、ジンは辞めたじゃん。おまえはどっちを選ぶかだよね」

その言葉を聞いた瞬間、僕のやる気は急速に失われていった。「ジャニーさんが現場を任せている人がこういう考えなら、もう無理だな」と悟ったのだ。

二〇二〇年に、東京でオリンピックが開かれる。そのビッグチャンスを活かして、東京から世界へ出ていく。それが僕の計画だった。このままジャニーズにいれば、グループでデビューはできるかもしれない。でもソロは無理だ。YouTubeを利用して世界へ売り出すのもダメだという。これはいいか悪いかではなく、考え方と方向性の違いだ。そう感じた。

ユー、ヤバいよ

二〇一六年八月のある日、僕は六本木で仕事をしながら、自分の人生について考えていた。

いろいろなグループのツアーのバックをはじめ、仕事は次々と決まっていく。これからもっと忙しくなるという実感が増すにつれ、やっぱり「これは自分のやりたいことじゃない」という思いは募るばかりだった。このまま仕事が増えれば、責任も増してしまう。なるべく早く決めなければいけない。いま思えば、僕は少し焦っていたのかもしれない。

世間では、ジャニーズ事務所は独裁で、ジャニーさんが何もかも決めるように思われている。しかし実際は、ジャニーさんの考えで決められるのは一割程度だったと思う。残り九割を占める事務所全体の動きで、所属タレントたちは自分の立ち位置が決まっていく。結局、仕事は事務所の気分次第。そんなところもあった。

もう一度、頭の中で、いろいろとシミュレーションしてみた。ジャニーズから二十歳でデビューして、三十歳で嵐みたいに自分の番組を持って――。

グループでデビューしたとして、どこまで行けるか。

出た結論は、「ＳＭＡＰと嵐は絶対に超えられない」だった。

時代が変わり、Ｋ－ＰＯＰが世界的な人気になっている。だからこそＹｏｕＴｕｂｅを活用しなきゃいけないのに、ジャニーズはやろうとしない。ということは、Ｋ－ＰＯＰを超えることもできない。

収入のことも考えた。正確なところはわからないが、事務所の中の噂では、中居正広さんで年収数億円ぐらいだという。

「低いなあ」

これが、正直な思いだった。

ジャスティン・ビーバーの年収は百億円と聞いていたからだ。しかも中居さんはずっと司会業がメインだから、自分の姿をそこに重ね合わせることができない。

「じゃあ何のために、俺はここにいるんだろう？」

そう思ったとき、出てきた答えは「感謝」だった。育ててもらったジャニーズ事務所に対する感謝。僕を見つけてくれたジャニーさんに対する感謝。

育ててもらった恩に応えるためには、本来だったら、ジャニーズからデビューすることが一番だ。活動はバラエティと俳優業が中心になり、音楽ができなくなる。曲は出すが、グループみんなで歌うだけだ。ソロの曲はライブのために作るが、世の中には出ない。ＹｏｕＴｕｂｅにも流せないから、ジャニーズのファンに届けることしかできない。

デビューしてからジャニーズを辞める、というシミュレーションもしてみた。ジャニーズの名前で売れてファンがついたあとにジャニーズを辞めても、「結局、ジャニーズの人じゃん」と思った。

今日、覚悟を決めなければ、ずるずる行くな。

そんな強い予感があった。その日の仕事が終わったのは、夜九時くらいだった。ジャニーさんがいる青山のマンションへ行こうか行くまいか、迷った。いつもは電車かバスを使うが、マンションまで歩くことにした。三十分か四十分歩いて、ジャニーさんのマンションの部屋の鍵を開けるまでに、自分の気持ちが百パーセント、いや百二十パーセント「ジャニーズで一生やっていく」に固まらなかったら、辞めよう。ちょっとでもブレていたら、辞めよう。それを「自分との約束」にした。

六本木から西麻布の交差点を渡り、南青山を通り抜け、一歩ずつ歩くごとに、結論は決まっていった。歩いてマンションに着き、鍵を開け、そのままジャニーさんの部屋に行って声をかけた。

「ちょっと、ジャニーさん」

ジャニーさんはもう寝かけていた。

「どうした?」

「俺、辞めるね」

「え？」

「事務所辞めるね」

「あぁ、そうだよねえ。カウアン、やっぱ辞めるんだ」

「そう。YouTubeで一人でやっていく」

「出したいもんね、あの曲いいよね」

「ジャニーズ出身としてやっていくから。それで『戻って来てほしい』って言わせるわ」

そう言うと、ジャニーさんの返事は、

「ユー、ヤバいよ」

期待した通り、ジャニーさんは「ヤバい」と言ってくれた。その「ヤバい」には、「すごいなぁ」と「言ってることがおかしいよ」の両方の意味が込められていたと思う。

ジャニーズの名前を使えないなら日本でのソロデビューは難しいし、ジャニーさんが意図しなくても潰されてしまうだろう。日本で活動できないなら、ブラジルとかアメリカで売れてから、逆輸入すればいい。

「そうか。ユーが決めた道だから」

そのときにも、

「僕、長くないから」

という弱気な言葉が出た。最後に、

「一応マネージャーに連絡しておくけども」

と言ってくれた。

ジャニーさんの部屋から出ると、ジュニアが十人くらい集まっていた。

「え？　カウアン辞めるの？」

口々にそう聞かれた。ジャニーさんはその日、事務所に却下された僕のＤＶＤをジュニアたちに見せながら、「すごくない？」と言っていたらしい。だからみんな、僕の「世界計画」を知っていた。

「カウアン、マジで世界へ行きそうだよね。でもさみしいよ」

「もう決めたから」

ジュニアたちとの関係は、学校の同級生と同じだ。仲のいいヤツがいれば、よくないヤツもいる。顔は知っているけれども、ほかのクラスって距離感のヤツもいる。

その日たまたま、のちにキンプリでデビューする岸優太がいた。岸は僕の入所日にもいて、辞める日にもいた。歌で勝負したいというところが似ていて、ジャニーさんの家のカラオケでキンキの歌などを一緒に練習したものだ。

ジャニーさんの家には、十分くらいしかいなかったと思う。玄関でみんなと立ち話をして、「じゃ、お疲れ」と挨拶して別れた。

帰り道は、すっきりした気分だった。もう誰かに気を使う必要はない。挫折しようと何があろうと、誰かのせいにもできない。これからは攻めていこう。絶対いけるという気持ちだけで、不安などまったくなかった。その気持ちはいまに至るまで、変わらず続いている。

最高の夜だった。

二〇一六年八月、僕はジャニーズを辞めた。二十歳の誕生日から三カ月が過ぎていた。

初めてのブラジル

ジャニーズ在籍時代、ブラジルでもジャニーズは有名だから、日本で活動しているブラジル人の僕の存在を知って、取材の依頼があった。ところがジャニーズは、その取材を受けさせてくれなかった。マネージャーが勝手に断ってしまっていたというのだ。実はそのことも、事務所に嫌気が差した理由のひとつだった。

事務所を辞めた頃、お母さんから「ブラジルで、Ｆａｃｅｂｏｏｋ越しにあなたを探しているプロデューサーがいる」と教えられた。そんなこともあって、一度ブラジルへ行ってみようと考えた。ジャニーズ時代に貯めたお金と、退所後にバーなどでバイトして貯めたお金を合わせて、渡航費を用意した。

二〇一六年十一月、人生初のブラジルは、僕にとって初の海外、それどころか初の飛行機体験でもあった。三回乗り換えがある一番安いチケットを買って、到着まで三十二時間くらいかかった。鬼遠かったけど、それ以上に僕の気合はすごかった。

サンパウロに着いた途端、言葉にできないほどの感動が込み上げてきた。

団地でしか知らなかったブラジル。全員が自分と同じ言葉を喋って、日本とはすべてが違う。

道がガタガタで治安も悪そうだけど、なんか自由だなぁ。俺、ここで一人でも絶対生きていける！　という印象を持った。

一人旅だったけど、ポルトガル語が通じたから、問題はなかった。

ブラジルへ行った目的は二つあった。まず、現地の音楽関係者に会うこと。僕を一回見てもらえば、ポテンシャルをすぐわかってもらえる自信はあった。契約するレコード会社なども決められるなら決めてしまおうと思っていた。

もうひとつの目的は、親族に会うこと。父方のお祖父ちゃんとお祖母ちゃんには日本に来てくれたときに数回しか会ったことがなかった。お父さんの実家は遠くて、サンパウロからまた飛行機に乗る。そうやってようやく着いたお父さんの生まれた家でアルバムを見たんだけど、「俺のルーツって、ここにあるんだ」と実感できて、文字通り、血が騒いだ。

そのあとはサンパウロの親戚の家に、三カ月くらい滞在した。テレビをつけて歌番組を見ると、「ここに俺が出たら爆発するな」とわかった。実際にテレビ局へ行って自分の歌やダンスを見せたら、「すごい」「ブラジル人に、こんなにすごいヤツがいると は思ってなかった」「絶対にいける」と絶賛された。

日本にいれば半分否定される僕のアイデンティティは、ブラジルではすべて肯定された。ブラジルでも流行しているK－POPはジャニーズが原型になっていることを説明すると、とても感心された。

一九八〇年代に中南米とアメリカで大人気になった「MENUDO《メヌード》」というボーイズグループのプロデューサーから、「絶対スターになれる。すぐに契約しよう」と言われた。言ってみれば、ブラジルのジャニーさんみたいな人だ。だからジャニーズと同じで、考え方が古い。そのことに気づいたので、契約の件は丁重にお断りした。

事務所やレコード会社に所属する前に、勝手にバズってしまうほうがいい。

二〇二〇年に東京でオリンピックが開かれ、「オリンピック！　日本！」と盛り上がったときにカウアン・オカモトというスターがブラジルで生まれたら、ストーリー的にめっちゃカッコいいなと思っていた。日本にルーツがあって、日本語が喋れて日本の紹介ができるアーティストとしてデビューすれば、完璧だ。

それまで、あと三年半。何が必要かといえば、音楽の才能を磨くことだ。オリジナル曲も二曲しかないから、もっと作らなければいけない。そのままブラジルで活動することも考えたが、集中して準備をするために、一度日本へ戻ることにした。

ジャニーズの仕事を続けていたら、MVを作るのに一年かかった。だから、最小限の生活費をバイトで稼ぎながら、音楽に集中できる環境を作ろうと考えたのだ。

元ジャニーズの仲間と

ジャニーズを辞めてすぐ、オリジナルの二曲を、YouTubeとツイッターにアップしていた。同時に、日本のいくつかの音楽事務所やプロダクションに、ジャニーさんに渡した茶封筒と同じ「カウアン世界計画」のセットを送っておいた。

何社かから返事が来た中で、ある作曲事務所が積極的だった。ブラジルにいるとき、「ぜひサインの方向で。アーティストとしてやってほしい」という連絡を受け取った。「準備期間として音楽を学び、曲を増やしてオリンピックでデビューする。そしてブラジルへ進出する」という計画にも賛同してくれた。

その事務所は、まずグループを組むことを勧めてきた。イン・シンクのジャスティン・ティンバーレイクみたいなイメージで、「カウアンが一緒にやりたい人を選んでいいから」と僕中心のグループを組むように言われたものの、僕にはジャニーズJr.で一緒だった顔しか思い浮かばない。

そこで現役のジュニアたちに声をかけた。髙橋颯、羽生田挙武、川口優の三人だ。三人とも、ジュニアとしての活動歴は僕より長い。ちょうど「このまま一生ジャニーズでやっていくか、辞めるか」と悩んでいた時期だ。彼らはジャニーズを辞め、僕たちは四人組のグループを作った。

颯とはジュニア時代に親友だった。「タッキー&翼みたいになりたいね」と言い合っていた。颯は歌が上手いから、俳優をやりながらギターで弾き語りする福山雅治さんみたいなスタイルを目指していた。英語が喋れる挙武はジョニー・デップが好きで、ハリウッドスターになりたがっていた。将来はソロを目指す三人とは違って、優だけがグループ志向だった。韓国のBIGBANGが大好きで、G-DRAGONに憧れていた。

スタジオでレコーディングをしてみたら、四人の声を重ねたアンサンブルに対する事務所の反応はとてもよかった。アーティストらしさとアイドルらしさのバランスも絶妙だった。でも男のグループはジャニーズとぶつかるから、ＳＮＳのみの活動にしてテレビには出ない覚悟でやろう、と話し合った。

二〇一七年七月、僕たちは「ＡＮＴＩＭＥ（アンティム）」というグループを組み、『ボーン・アゲイン』というストリート系の曲でデビューした。この曲名には、僕たちがアーティストとして生まれ変わるという強いメッセージが込められていた。

十月に渋谷クロスＦＭにデビュー後初のラジオ出演をしたときには、夕方六時からの放送のために、朝五時から大勢のファンが整理券を求めて並んでくれたという。

イオンモールツアーを始めたら、どこへ行っても何百人も集まった。ＣＤは手売りで約一万枚売れた。たった一度だけ日本橋三井ホールでやったワンマンライブには、二千人が詰めかけた。

ジャニーズ以外の男性グループとしてトップを狙える流れに、間違いなく乗っていた。

グループ解散

ところが、東京オリンピックまで活動する予定だったＡＮＴＩＭＥは、わずか一年で解散し、その活動に幕を下ろすことになる。

理由はいくつかあったと思う。

まず、同じタイミングでキンプリがデビューしたことだ。僕たちは、ユニバーサルミュージックからメジャーデビューする予定だと事務所から聞かされていた。ところがキンプリが、それまでジャニーズとは付き合いのなかったユニバーサルからデビューしたのだ。

ジャニーズ事務所がわざと仕掛けてきたのか、偶然だったのか、それはわからない。だがジャニーさんは、「東京オリンピックまでにデビューさせるグループがない」と、僕の前ではっきり言ったことがあった。

ユニバーサルからキンプリとＡＮＴＩＭＥを同時期にデビューさせるのは難しい、という結論になったのだろうか。本当のところは分からないが、とにかく、メジャーデビューの話は流れた。そのあたりから、みんながやる気をなくした感じが出始め、メンバー間で意見が割れたりして、ギスギスした空気が漂い始めた。

それからあとは、本当に色んなことがあって、結局、ＡＮＴＩＭＥは解散してしまった。

そして僕は給料も仕事もなくした。月三万円で一畳半のトランクルームを借りて荷物を入れ、銭湯に通う生活が始まった。

一人で曲を作り、初めて事業計画書を作りながら、僕は決めた。

「次のステージに行こう。必要なのは事務所じゃない。スポンサーだ」

そこから「カウアン新プロジェクト」をスタートさせた。知り合いの社長たちに頭を下げに行ったのだ。その結果、〝ホームレス状態〟だった僕の資金はみるみるうちに増えていった。オリジナル曲も十曲に増やし、ミニアルバムを作った。

ジャニーさんの死

そんな激動の日々を送っていた二〇一九年夏、衝撃的なニュースが飛び込んできた。

七月九日、ジャニーさんが、八十七歳で亡くなったのだ。

「僕、長くないよ」

ジャニーさんがよく、そうこぼしていたのを思い出したが、本当に亡くなる日が来るなんて、とても信じられなかった。

思わず僕は、ジャニーさんのケータイに電話していた。

〈ただいま、運転中です……〉

不思議なことに、ドライブモードの女性の音声が流れてきた。

なんだ、ジャニーさん、空に向かって運転してんのかよ。

思わず、心の中でツッコんだ。

僕はそれまで祖父母などの近い身内を亡くしたことがなく、身近な人が亡くなる初めての経験だった。とにかく悲しかった。もう話せないんだ。

僕はジャニーズを超えたいと思っていた。そして、ジャニーズ事務所を退所した後は、ブラジルでスターになって、そこから逆輸入で日本でもスターになって、「実はジャニーズでした。ジャニーさんに感謝しています」と言おうと思っていた。

「ユーは黒色だよ。どんな色にも染まらないけど、ほかの色を濁らせる。だからユーは、センターじゃなきゃいらないよ」

そう言われたことは強く心に残っている。

「ユー、やっちゃいなよ」

ジャニーさんのその言葉は、「限界を決めるな」という意味なんだろう。できないと思ったら、そこで終わりだよ、と。

ジャニーズの行く末についても考えるところがあった。ジャニーさんというプロデューサーがいなくなって、事務所は崩壊していくんじゃないだろうか。そのときの僕はジャニーさんの性加害について自分が告発しようなんてことは考えてもいなかった。ただ、ジャニーさんが亡くなって力が弱まり、そうしたことも含めて陰に潜んでいるジャニーズの問題が出てくるんじゃないだろうかとは感じていた。


前にも書いた通り、二〇一六年に初めてブラジルに渡ったときから、僕は二〇二〇年の東京オリンピックを最大のチャンスだと捉えていた。

日本で行われるオリンピックをブラジルに伝えるのに最適な人間は、日本でエンターテインメントの世界で活動してきた日系ブラジル人の僕のはずだ。四年後の東京五輪でブラジルでの人気が爆発したら最高のストーリーじゃん。そう思って活動していたのだ。

だから、二〇二〇年一月、僕はまたブラジルへ飛んだ。東京オリンピックまで、あと半年しかない。多忙な毎日になるはずだった。ところが何日もしないうちに、あのニュースが世界を駆け巡る。新型コロナウイルスの蔓延だ。

前もってMVをテレビ局に送って営業した結果、出演した番組が好評で、次々とオファーが来た。国営テレビでは、オリンピックのアンバサダー役が決まっていた。僕が現場の取材をして、僕の曲がテーマソングとして流れるはずだった。しかしオリンピックの延期が決まってすべて白紙となり、僕の夢は打ち砕かれた。

第六章

告発

パニック障害

二〇二二年は、思いがけず自分を見つめ直す年になった。

二〇一六年にジャニーズ事務所を辞めたあと、レコード会社からデビューする予定が頓挫し、東京オリンピックに合わせてブラジルでいくつもの番組に出ることが決まっていたけれど、新型コロナウイルスの影響で国中がロックダウン。結局、一番組に出ただけで終わり、日本にやむなく帰国していた。

活動資金も残り少なくなってきた。どうしたらスターになれるか。楽曲を提供するなど、プロデュース業に活路を見出そうともした。曲作りに没頭し、いろんな人を家に呼んでセッションし、クリエイター集団を作り上げた。複数人のチームだ。

コロナが収束へと向かい始めた頃、必死で営業をしまくって、チームのカメラマンにはブラジルのネットフリックスでの撮影の案件が決まった。別のプロデューサーにはフェスに出演する仕事も来た。自分はブラジルのアーティストとコラボして曲を出すことになった。そして六月にはチームのみんなでまたブラジルに行く予定だった――。

しかし、ブラジルへ向かう直前になってカメラマンが失踪した。それを知って「ヤバいね」と言っていたＤＪも、フライトのわずか二日前に同じく失踪した。『Ｍｅｌｏｎ』という曲のＭＶの撮影をした帰り道のこと、彼が車を軽くぶつけてしまった。僕が「擦っただけだし、直せばいいよ」と軽く声をかけると、彼は「わかった。直しに行く」と言った。でもそれっきり、行方知れずになったのだ。

ブラジルに行ったら、しばらくは帰って来られない。言葉も通じないし、仕事のスタイルも違う。だから、「やっぱり日本にいたい」と思ったのかもしれない。僕はそう解釈した。のちに電話で彼と話す機会があり、彼の事情を色々と聞いて、僕は赦し、和解した。

オリンピックの前と違って、今度はブラジルに行く前に、計画がすべて破綻してしまった。でも僕は一人でもブラジルに行かなければならなかった。自分が営業して取ってきた案件だ。自分のケツは自分で拭くしかない。

一人で現地に行って、とにかく先方に謝りまくった。それと同時に、フェスのように一人で代わりにできる案件はこなしていった。そして、気づかぬうちに様々なストレスが自分の中にどんどん溜まっていったのだと思う。

世界で成功するために、知り合いからお金を借りた。準備期間中には日本で楽曲提供や撮影をしながら、コツコツとお金も貯めた。でも一緒にやっていたクリエイター集団はいきなり飛んだ。お金も貸していた。彼らには彼らなりの理由があったのかもしれないけれど、自分としては「裏切られた」という思いが強かった。

さらにお母さんが肺炎を起こして入院した。もともとお母さんは膠原病持ちで、免疫疾患を抱えている。新型コロナのワクチンも打てないほどだ。心配で心配でたまらなくなった。

そして、僕の心は限界を迎えた。

突然、気絶したのだ。

そのときのことはあまり覚えていないが、幸い街中ではなかった。急に動悸がして、呼吸が苦しくなった。目が覚めたあとも、たびたび孤独に押しつぶされそうになり、強烈な不安や恐怖感を覚えるようになった。死にたい……そんなこと、人生で一度も考えたことがなかったのに、このときはふとそう思った。

もうダメだ。

だから、三カ月の予定でブラジルに行ったけれど、二カ月もしないうちに帰国することになってしまった。仲間がいなくなる前は、一年ぐらいはブラジルに滞在するつもりだったので、日本の家も引き払っており、またホームレス同然の生活に逆戻りとなった。しばらくは友達の家に居候させてもらった。病院にも行った。診断は、「パニック障害」だった。

「また発作が起こるんじゃないか」

不安のせいで、一人で外出することも、ままならない。医師のカウンセリングを受けながら夏を乗り越え、秋になった。僕は一人だった。

時間だけはたっぷりあった。そこでようやく気づいた。

これまで僕はいろんなことを抱えすぎていたことに。

もう自分に嘘はつきたくない

スタートは豊橋のブラジル団地。日系ブラジル人の子として生まれた僕は、小学校ですでに疎外感を覚えていた。ブラジル人でもないし、日本人でもない。それがずっとコンプレックスだった。外国人扱いされるがゆえに、結果を出さないと認めてもらえないし、ラブレターを渡しても側溝に捨てられる。もうこれ以上、誰からも嫌われたくない。そうした思いは小さい頃からずっと自分の中にあった。

ジャニーズ事務所に入ってからもそうだった。もっともっと売れたい。ジャニーズに恩返しをしたい。もちろん親にも恩返しをしたい。ブラジル人としても日本人としても生きていきたい。出会った人たちみんなの思いを平等にすくっていきたい。そのためにはスターになるしかない。そんな自分の中のルールに縛られ、その上でどうやったら実現できるのかを頭の中で死にもの狂いで考えていた。

その一方で、ジャニーさんの性加害など、闇の部分には目をつぶってきた。自分の過去を隠したまま生きてきた。

実際にはそんなに上手くいくわけがなかった。ジャニーズ事務所を辞めて、音楽で世界を目指そうとした。でも結局は生きていくため、その場しのぎのビジネスをやらざるを得なくなった。次々と仲間も離れていった。

みんなに認めてもらいたいとか、恩返しをしたいとか、傲慢でしかなかった。それが最大の間違いだった。自分としては考えに考えてやっていたつもりだけど、このままだったら三十歳になっても、何歳になっても失敗し続ける。

だから、これからは、もっとシンプルに考えることにしよう。

そう思ったとき、真っ先に頭の中に浮かんだのは、

「もう自分に嘘をつきたくない」

という思いだった。

本当の自分を隠して頭だけでゴチャゴチャ考えたものは、無理に取り入れない。自分の心の声にまっすぐ耳を傾ける。嫌だと思ったら関わらない。すぐに離れる。これからはいかに自分に正直になれるか、そこだけに集中して生きていこうと思った。

すぐにスターになれなくてもいい。

ブラジルに行けなくてもいい。

日本で活動できなくてもいい。

自分が納得できる音楽を作るために、必要なことだけをしよう。

そう強く決心してしばらく経ったあとに流れたのが、キンプリの三人がグループを脱退してジャニーズ事務所を退所するというニュースだった。

きっかけはキンプリ

二〇二二年秋は、ジャニーズ事務所にとって、大きな出来事が続いた。

まず十月三十一日、タッキー（滝沢秀明）が退所し、ジャニーズアイランド社長を退任することが発表された。僕は直接知っているわけではないけれど、タッキーはジャニーさんに特に信頼されていた人だ。これだけでもビックリしたが、もっと衝撃を受けたのが、十一月四日、キンプリの平野、岸、神宮寺の三人の脱退・退所発表だった。

同時期にジュニアとして活動していたこともあり、僕とキンプリのメンバーとの縁は深い。平野は二〇一二年、僕とほぼ一緒の時期にジャニーズ事務所に入った。僕も面接を受けた名古屋最大手の芸能事務所に所属し、名古屋ローカルのユニットのボイメン（ＢＯＹＺ ＡＮＤ ＭＥＮ）で活動していた。光ＧＥＮＪＩや少年隊の振り付けの先生のレッスンを受けていただけあって、ジャニーズに入ったときからダンスの実力はすごかった。最初にダンスでつまずいた僕とは対照的に、彼はジュニアとしてのエリートコースを順調に進んでいった。天然キャラとして知られているけれど、本当の平野は頭の切れるヤツだ。前にも書いたように、名古屋ジュニアとして関西ジャニーズJr.の松竹座での公演に一緒に参加したこともある。その頃、関西ジャニーズJr.で活躍していたのが、いまもキンプリに残っている永瀬廉だった。

僕は平野と神宮寺とは「ＳｅｘｙＢｏｙｚ」を組んでいたし、岸ともけっこう仲が良かった。

だから二〇一八年一月、キンプリのデビューが決まったと知ったときは「やったじゃん！」って思った。嵐はなかなか超えられないと周囲は当初思っていたけれど、キンプリならやれるかもしれないと思わせてくれた。実際、デビューしてからは快進撃を続けて、日本の男性アイドルのトップを走っていた。この彼らの頑張りが、僕を奮い立たせてくれていた。

でも僕が壊れたのと同じ時期に、キンプリも壊れた。

辛いのは僕だけじゃなかった。彼らにも上手くいかないことがあったんだ。あれだけ実力があって、大きな光だったけれど、やっぱり……悩みを抱えている。そのことに気づいた。僕も彼らも世界で活躍したかったけれど、その夢は、いまの、ジャニーさんがいないジャニーズでは叶えられなかった。

ジャニーズ事務所を辞めた時点で、テレビを中心とした日本のエンターテインメント業界で売れるのは難しくなる。実際、そういった現実はある。僕自身もそんな経験を味わった。ある番組のプロデューサーが僕を指名してくれて、その番組の責任者もOKを出したのに、最終的に局の偉い人の判断で出演できなくなったことがあったのだ。

そういう現実を引き受ける覚悟を持って、すべてを捨ててまで「世界でやりたい」という彼らは、やっぱりすごいと思った。それはもうハンパない覚悟が必要だから。

彼らを応援するつもりで、ちょっとジョークでも言ってみようかなと思って、ツイッターにこう書き込んだ。

〈また俺と組む？　懐かしく四人でいこうぜ。〉

Ｓｅｘｙ Ｂｏｙｚ時代の写真を添えて。そしたらこのツイートだけで、三百万ビューぐらいあった。

でも念のために言っておくけれど、もちろん本気で書いたわけじゃなかった。

辛いときにジョークを言うのはブラジル流だ。日本とは比べ物にならないぐらい貧富の差が激しいから、ユーモアがないと、生きていくのが辛すぎるということを彼らは分かっている。例えばブラジル人って、毎週末集まって、肉を食べて、酒飲んで楽しく過ごす人が多いのだけど、「いやぁ、最近どう？」「マジ家賃払えないよ」「俺も！乾杯！」みたいな感じだ。

だが、脱退のニュースを見てショックを受けていたキンプリのファンには、ジョークが通じなかったみたいで、けっこう批判もされた。だから今度は「謝罪」という題名で、ＹｏｕＴｕｂｅ動画をアップした。もちろんそれもジョークのつもりだった。

「一緒にブラジルのテレビに出ないか」という誘いも入れてアップしたところ、中には理解を示してくれるファンもいて、「励ましてくれてありがとう」とか「暗い気持ちだったけど、笑顔になれた」とか、応援してくれるコメントもたくさん付いた。

そのとき、ふと思った。

もし需要があるなら、ジャニーズ時代のことをどこかで喋ってみようか、と。僕が具体的にどんな活動をしていたかとか、辞めた経緯とかも含めて。

退所して七年も経っていたけど、それまでは、ジャニーズ時代の話はほとんどしてこなかった。ブラジルのテレビの取材などで「ジャニーズ事務所というところにいました」「でも自分の夢を追いかけるために辞めました」と言ったぐらい。日本ではメディアにあまり出られなかったという事情もあった。

でもキンプリが分裂してしまって、自分と同期で活躍していたジュニアはもうあまりいなくなってしまった。自分がジャニーズ事務所に所属していた、ひとつの時代が終わってしまう。そんな感じがして、どこか寂しさも覚えた。もう自分に嘘をつきたくない。すべて本音で話したい。そう思った。

では一体どこで話そうか。

頭に浮かんだのは、あの人だった。

ガーシーとのコラボ

「いま、いろいろと問題になっているけれど、僕もジャニーズ事務所を辞めた身として、自分の思いをお話ししたいと考えています」

僕がＤＭを送った相手はガーシー（東谷義和）さんだった。

ジャニーズ時代のことをどこで喋れば、一番多くの人に知ってもらえるのか。自分なりに考えた末に、ガーシーさんしかいないと思ったのだ。二〇二二年二月にYouTubeを始めてから、あっという間に世間の話題を集め、チャンネル登録者は百万人以上。選挙に出て参議院議員にも当選し、本も出版した。彼はのちに逮捕されるわけだけど、当時の僕はあまり深く考えていなかった。とにかく彼の注目度は抜群だった。

ガーシーさんの動画を見ると、【ジャニーズの情報募集中】とある。それを目にした瞬間、「これだ！」と決めてしまったのだ。

DMを送ったら、ガーシーさんもOKしてくれて、十一月十三日の夜にコラボ動画を配信することが決まった。動画のタイトルは「GaaSyy×KAUAN OKAMOTO 緊急生配信」。

最初はあくまで、自分がジャニーズに入った経緯や辞めた理由、お世話になった先輩や仲間のことだけを喋ろうと思っていた。ジャニーさんのことは、特に話すつもりはなかった。だが生配信しているときにガーシーさんが、

「いわゆるジャニーさんの性癖の問題ってあるやんか」

と、ぶっ込んできた。ガーシーさんには元ジャニーズの知り合いも多く、彼らから

いろいろと噂を聞いていたんだろう。

以前の僕だったら、嘘をついて誤魔化していたかもしれない。「そんなのないですよ」と。でも、もう隠し事をしたくなかった。それは強く決心していた。だから、もう世間からどう思われてもいいから、事実を言おうと、瞬間的に思った。だから、「本当です」と告白した。そこから、いまに続く物語が始まった。

ジャニーさんの家の鍵を持っていること、家の中がどうなっているのか。そしてジャニーさんの家のリビングで肩をマッサージされた後、襲われたときのこと。動画を撮っていることまで、包み隠さず全部話した。

反響は大きかった。動画は五十万回以上再生された。もちろん批判の声もあった。仲間の名前を出して巻き込んでしまったのは本当に申し訳ないと思っている。ただ、動画を見てくれた多くの人が、「勇気ある告発ありがとう」「応援しています」とコメントをしてくれたことは嬉しかった。

自分のSNSにはDMもめちゃくちゃ多く届いた。匿名のものだけでなく、実名入りのメッセージもあった。直接会ったことはないけれど、元ジュニアで連絡してきてくれた子もいる。彼も被害に遭っていて、そのときの詳細を書いてくれていた。きっと誰かに話をしたかったんだと思う。元女性タレントからも似たような話があった。彼女は枕営業を強制されて、芸能界から去ったという。そういった声がダイレクトに届いたことは、自分の大きな励みにもなったし、この問題の根深さをひしひしと感じることになった。

ＢＢＣからの接触

実はこのとき、のちに世の中に衝撃を与えることになる人たちからも接触があった。イギリスのＢＢＣの番組スタッフだ。

彼らはガーシーさんとのコラボ生配信を見てくれていた。被害者の声を聞いて、番組を作ったと言っていた。もう編集は終わっていて、これから放送する。いままでの歴史を振り返ると、一体、世間がどれだけ反応してくれるかはわからない。でも反響が大きかったら、ぜひ続きをやりましょう、と。僕は「わかりました」と伝えた。

ＢＢＣのドキュメンタリー番組「Predator : The Secret Scandal of J-Pop（Ｊ－ＰＯＰの捕食者　秘められたスキャンダル）」が放送されたのは、イギリス時間の二〇二三年三月七日午後九時。ゴールデンタイムで流された、およそ一時間の番組だった。日本でも、三月十八日に放送された。

番組ではジャニーさんを「Jポップ界のゴッドファーザー」と表現していた。ジャニーズ事務所のアイドルが日本のメディアを席巻していて、街を歩けば至る所に、グッズや広告などあらゆる姿で存在している様子を映し出していた。そしてジャーナリストのモビーン・アザーはこう切り出した。

「しかし、何十年もの間、ジャニー喜多川にはある疑惑がつきまとっていました。事務所に所属する少年たちに、性的虐待を加えていたという疑惑です」

番組には、元ジュニアの男性三人が顔を出して登場していた。マッサージの途中で断った人もいたし、風呂場で体を洗われて、その後、ジャニーさんからマッサージを受け、口でもされた人もいた。時期は、一九八〇年代から二〇〇〇年代まで。僕と世代は違ったが、やり方はよく似ていた。

取り上げたのがイギリスの公共放送ＢＢＣだったこと、そして何と言ってもテレビ画面で、実名・顔出しで証言をしている人がいたことは、日本社会にも大きなインパクトを与えたようだった。

BBCの番組を見ていて印象的だったのは、他人が被害を真面目な口調で語る姿を初めて見たことだった。ジャニーさんの家で、みんなで楽しげな雰囲気の中であっけらかんと何となく被害について語ることはあった。でもそのようなときとは真剣さが全然違った。

自分たちが受けてきたことは、やっぱり本当に問題だったんだ。

そのことがとてもよくわかったし、証言をしながら泣いている五十代の男性を見て、「これだけ時間が経っても、まだ傷が癒えていないんだな」と、改めてその事実の重さに気づかされた。

文春での告発

BBCの放送のあと、僕が週刊文春の取材を受けたのは四月二日のことだった。

文藝春秋の四階にある応接室に行って、記者二人を相手に三時間ほど話をした。性被害のことだけではなく、自分の生い立ちから、事務所に入った経緯、辞めてからのこと、喋ろうと思った理由も明かした。

文春からは、ガーシーさんとコラボをしたあとにすぐ連絡が来ていた。でもそのときは完全に無視していた。自分のSNSや動画なら、僕がした発言をそのまま使うだけだし、生配信でなければ自分で編集することもできる。でも、ほかのメディアは違う。自分の発言をどういった形で使われるのかがわからず、怖かった。だから文春からの連絡はスルーし続けた。

でもBBCの番組は、確実に世の中に反響を呼んでいた。相変わらずニュース番組や新聞は取り上げていなかったけれど、ネットのニュースやYouTubeなどは少しずつ取り上げ始めていた。

僕も、そろそろ覚悟を決めるときじゃないか。

自分の中でもそんな気持ちが強く湧き起こってきた。今年はアーティストとしてスターになるのを目的にしないということも決めていた。一番大事なのは、いかに自分に素直になれるか。もう自分に嘘をつかない、正直になることだけだと。動画ではすでに一度話をしているわけだし、もう逃げられない。それに、五月にはキンプリの平野、岸、神宮寺の脱退も控えている。僕は腹をくくった。

文春以外のメディアからも、取材のオファーは来ていた。でも文春はジャニーさんの件に関して一九九九年から報道していたことも、このときは知っていた。BBCの番組放送以降、続けて被害を受けた元ジュニアたちに話を聞いて記事にしているのも目にしていたし、ほかのメディアより真摯にこの問題に向き合っていると思った。

最後の決め手は、直感だった。以前文春からDMが来ていたことを思い出して、記者さんに連絡してみた。朝方だったけれど、けっこう早く返信が来た。これは案外、相性がいいのかもしれない。じゃあやろう、と。

文春の記者さんに会ったときには思わず、

「ついに来ちゃいましたよ、文春」

という言葉が口から出ていた。三時間のインタビューは、体感としてはあっという間だったが、写真の撮影もあり、終わったときにはさすがにぐったり疲れ果てていた。

文春オンラインでインタビュー記事が公開されたのが、四月五日のこと。雑誌メディアで実名・顔出しで証言したインパクトは大きかったようだ。記事のPVは二千万ほどになったと聞いた。

取材の際にも話をしたのだけど、改めて振り返ってみると、被害に遭ったことを誰にも言えなかったときは本当にきつかった。誰にも言えないということは、自分の人生で起きたことを否定していることと同じだからだ。

いまは、正直に言うことができたから、ジャニーさんにされたことも、もう僕は心から赦せていると思う。それは今後、僕が仕事をしていくうえで、いや生きていくうえでも非常に大きなことだ。隠し事はしたくない。いまはあのことをハッキリと「嫌だった」と言えるし、一方で、ジャニーさんには感謝もしていると言うことができる。過去を喋ることで、自分の気持ちも浄化される。そんな気持ちになった。

ただ、これですべてが終わったわけではなかった。

母への告白

ジャニーさんによるジュニアへの性加害の噂は、お母さんのほうが先に耳にしていたと思う。ブラジルで話題になっていたのかもしれない。僕がジュニアに入って間もない頃、

「そんなのない？　大丈夫？」

と聞かれたことがあった。

「いや。ないけども」

と答えるしかなかったが、お母さんは勘がいい。

「ジャニーさんの家に行くと、男の子しかいないの？　おかしくない？」

と重ねて聞かれた。

何があったか正直に話したのは、ジャニーズを辞めたあとだ。たまたま、お母さんと「芸能界って黒いよね」という話になったとき、

「まぁ、俺もジャニーさんにやられてるけどね」

軽く普通にサラッと言ってしまった。

「え！　マジでされてたの？」

「されてたよ。でも言えないよね」

そのときの会話はそれだけで終わった。お母さんは、自分の息子の身に起こった問題に、上手く向き合えなかったと思う。親だから怖かっただろうし、上京したあとは何年もある程度の距離を置いて暮らしてきたせいもあるだろう。物理的な距離は心の距離にも影響したと思う。お母さんと僕とでは、生きている世界がまるで違ってしまった。

日本外国特派員協会で記者会見をしたあとに初めて、お母さんから聞いた話がある。まだ二十歳になる前、僕が一歳くらいのときに、スーパーで痴漢に遭ったことがあるというのだ。お母さんは店の中でいきなり胸を触られ、何が起こったのかわからないまま気が遠くなって、気絶しそうになったという。

フラフラになりながら外へ出て、車で待っていたお父さんに話した。ふだんは大人しいお父さんだが、店の中へ乗り込んで行ってその日本人をとっ捕まえたらしい。

お母さんは僕の体験を聞いて、そのときの恐怖を思い出してしまったそうだ。

「あの一瞬の出来事ですら忘れられない辛い経験だから、カウアンの細かい話は聞けない。申し訳ないけど、私は向き合えない。だからカウアンに託すしかない」

お母さんはそう言った。もちろん、僕もお母さんのその思いをよく理解した。

お母さんはどんどん年をとっているし、体調もよくない。お母さんが見たい景色を見せてやりたいと思う。それはやっぱり、僕が自分の夢を叶えて幸せになっている姿だと思っている。

第七章

記者会見

ものすごいスピード感

「わかりました。是非やりましょう」

気づけば即答していた。

それは僕のインタビュー記事が文春に出たすぐあとだった。取材を担当していた記者さんから電話がかかってきて、こんな提案をされたのだ。

「記者会見やりませんか？」

記者さん曰く、「週刊文春」といってもせいぜい数十万人が読む雑誌で、日本の人口を考えたら、僕の話を知っている人はまだまだ少ない。でもこの問題を記者会見で告発したら、新聞もテレビも取材に来るだろう。それに日本のメディアは残念ながらこの問題について積極的に報じないけれど、ＢＢＣのように外国のメディアなら取り上げてくれるかもしれないし、もっともっと多くの人に事実を伝えることができる、と。

その提案を聞いたとき、あれこれ難しく考えずに、了承する返事をしている自分がいた。

即答した理由は、やっぱり、何があろうと隠さず、逃げず、素直に伝えていくということを決めていたからだ。文春の取材を受けた時点で、すでに覚悟はできていた。自分の発言をいいように切り取られないかだけを心配していたけど、そんなこともなく、僕の言いたいことをストレートに伝えてくれた。ジャニーさんに対する感謝の思いも、決して話を曲げることなく、率直に聞いて書いてくれた。彼らもジャニーズを潰したいから記事にしているわけではなく、様々な被害を受けたジュニアたちの声や考えをすくい上げたいという思いで取材を重ねていることもわかった。「記者会見やりませんか?」という提案に対して、躊躇する理由は何ひとつなかった。

そこから話はとんとん拍子に進んだ。会見を行う場所は日本外国特派員協会(FCCJ)というところだという。ジャニーさんの番組を作ったBBCのジャーナリストとスタッフがすでに一度会見を開いていて、その際に司会を務めたFCCJの報道企画委員会委員長のデイヴィッド・マクニールさんに相談したら、是非やりましょうという反応だったらしい。

日時は、記事が出てわずか一週間後、四月十二日の十一時に決まった。ものすごいスピード感で物事が進んでいく。

事前に余計なことを考えはしなかった。

計算してあれこれ考えておくのはよくない。自分に課したルールは二つだけ。

自分に嘘をつかず、すべて真実を話すこと。

セカンドレイプにならないよう、他の人の名前は伏せること。

それだけで臨もうと心に決めた。

あとは、格好をどうするか。文春の記者さんに「服装はどうしたらいいですかね？やっぱりフォーマルなスーツですか？」と聞くと、「いや、何でもいいんじゃないですか。カウアンさんらしさがある服装なら」という答えが返ってきた。

じゃあ、自分らしい服装って、どういう服装？　そう考えたら、答えはわりとすぐに出た。

黒いスーツに蝶ネクタイ、だ。

実はこれ、僕が最近気に入っている格好だった。昨年の暮れに知り合いの誕生日パーティーが大きな会場で開かれたときも、黒いスーツに蝶ネクタイで臨んでいた。

「カウアン・オカモトらしい服装」はこれで決まりだった。

真実を伝える

当日は会見の三十分前に会場に到着した。皇居外苑から徒歩一分。日本の中心地、丸の内の二重橋ビルの中にＦＣＣＪはあった。

ここは日本に派遣されている外国の報道機関の特派員やジャーナリストのために運営されている会員制の記者クラブだという。ただ日本の新聞やテレビなどメディアであれば、申し込めば会見に出ることは可能なのだそうだ。これまで多くの著名人たちの会見が行われてきていて、過去には王貞治や石原慎太郎なども登壇したと聞いた。最近だと、旧統一教会の元二世信者の女性が会見した場所として知られている。

真っ白なシャツに黒いスーツ、黒い蝶ネクタイ、サングラス姿でビルに入り、エレベーターで五階を目指す。受付を通ると、奥の小部屋に案内された。会見の登壇者の控室だという。窓からは丸の内の街並みを見渡せる。会見を仕切っているＦＣＣＪの方からサインブックを渡された。このサインブックには、登壇者だけが書くことができるらしい。

〈Muito Obrigado!〉（どうもありがとう！）とポルトガル語で書いた。

しばらくすると、司会のマクニールさんが現れた。英語で挨拶をし、会見の打ち合わせが始まる。通訳の女性からも段取りを説明された。外国人記者に向けての会見なので、例えば質問する人が英語で喋ったら、それをまず日本語に通訳してもらって、僕が答えを返して、それをまた英語で通訳する。そんな流れだ。ちょっとテンポはよくないが仕方がない。彼女は旧統一教会の元二世信者の会見も任されたプロ中のプロだ。大船に乗ったつもりでいようと思った。

ＦＣＪの人が言うには、百人近い記者・カメラマンが集まっているらしい。ジャニーズ事務所にいたときには、こんな会見に出たことはなかった。仮に出ていたとしても、せいぜいグループの一員としてだっただろう。でも今回は全員が僕のために、僕の話を聞きに、集まっているのだ。

それでも緊張はあまりしなかった。むしろここまで来たら早く始めたいという気持ちの方が勝っていた。

以前、ある海外の女性アーティストがこんなことを言っていた。十万人規模のライブをやったときのことだ。「十万人の前に立って緊張しないんですか？　すごいですね」と取材で聞かれたとき、彼女はこう答えた。

「私は全然緊張しないけれど、そんなにすごいことだとは思わない。私は十万人の前で歌うよりも、一人の人間が一人の人間に好きな気持ちを伝える方が、よっぽど勇気がいることだと思っているから」

本当の気持ちや真実を伝える方が勇気はいる。それが本質なんだと思う。今回は、自分がいかに自分に素直になって隠し事をせずに話すことができるかという点にフォーカスしているから、失敗がない。「失敗したら終わり」と思うから緊張するわけで、失敗がなければ緊張なんてしないのだ。

ＦＣＣＪの人に促されて会場に入る。カメラのフラッシュが一斉に焚かれる。軽く一礼してから、壇上へと歩を進めた。最初に撮影があった。ポーズを決めると、シャッター音が会場に鳴り響く。着席すると、マクニールさんが会見の趣旨や、僕のことを紹介した。

「オカモト氏は、たいへんな勇気をもって性加害を告発してくれます。多大な敬意を払ってください」

彼はそう言ってくれた。マクニールさんが喋っている間に、テーブルの上に置かれた水で喉を潤した。準備は万端だ。

まずは自己紹介がてら、二〇一二年二月、中学三年でジャニーズ事務所に入り、ジャニーさんの自宅に行って被害を受けたこと、会見を開いた理由、ジャニーさんへの思いなどを、五分ほどスピーチした。自分の言いたいことが簡潔にまとまっていて、我ながらよくできた文章だったと思う。ここまで書いてきたことと重複してしまうけれど、せっかくなのでここで紹介したい。

僕は2012年2月、中学校3年生の時にジャニーズ事務所に入りました。当時、別の事務所に所属していましたが、そのマネージャーがジャニーズ事務所に所属していた俳優の岡本健一さんと縁がありました。僕は音楽活動をしたいと思っていたので、自分がジャスティン・ビーバーの『Baby』を歌っている姿を収めたDVDと音楽活動への思いを書いた手紙をマネージャー経由で岡本さんに渡しました。

すると2月12日、ジャニーさんから直接、僕の携帯電話に電話がかかってきました。その日、東京国際フォーラムで行われるジャニーズ事務所のグループSexy

Ｚｏｎｅのコンサートに来なさいと言われました。自宅のある愛知県から急いで新幹線に乗ってコンサート会場に行き、ジャニーさんと初めて会いました。目の前で『Ｂａｂｙ』を歌うと、その日のコンサートの舞台にいきなり上げられ、５０００人の観客の前で『Ｂａｂｙ』をアカペラで歌いました。その日から、ジャニーズJr.として活動することになりました。

歌い終わった後、僕はジャニーさんに青山のレストランに連れていかれ、ほかのジュニアたちと一緒に食事をすることになりました。その後、ほかの子たちと一緒にジャニーさんのマンションに泊まることになりました。ジャニーさんはタワーマンションの最上階の２つの部屋を持っていて、２つの部屋を繋ぎ合わせたとても広い部屋でした。中には広いリビングにカラオケルームやジャグジーなど、とても豪華な設備がそろっていました。この部屋については、言葉だけでは伝わりにくいので、後ほど僕が当時撮影した動画で皆さんに見てもらいます。初めて泊まったその日は、ジャニーさんから性的行為を受けることはありませんでした。

当時、僕は中学校３年生で愛知県の実家で暮らしていたので、その後も仕事があるたびに東京に行きました。仕事が夜遅くに終わることもあり、ジャニーさんのマンションに泊まることが何度かありました。初めて性行為を受けたのは2012年3月、中学を卒業する直前だったと記憶しています。その日も仕事が遅くなって、ほかのジュニアたちとジャニーさんのマンションに泊まることになりました。

リビングでみんなで出前を取って夕食を食べました。その後、ジャニーさんが僕のそばに来て、肩をマッサージすると「カウアン、早く寝なよ」と言われました。僕はジャニーズ事務所に入るまでは、ジャニーさんがジャニーズJr.たちに性的行為を行っているということはまったく知りませんでした。しかし、ジュニアになってから、先輩たちからそういう話を聞いたり、僕もインターネットなどで調べ、そういうことがあることを知りました。

カウアン早く寝なよ、とジャニーさんに言われたときに、周囲にいたほかのジュニアたちは「今日はカウアンか」と気づいたと思います。早く寝なよと言われたときに、ジャニーさんの寝室か、そこに近い部屋で寝ないと翌日、ジャニーさんの機嫌がすごく悪くなるということを聞いていました。なので、その日はジャニーさんの寝室から近い部屋で寝ることにしました。ただ、この部屋には3つベッドがあり、ほかのジュニアたちも寝ていたので大丈夫かなと思いました。

ジャニーさんは深夜、よくマンションの部屋の中を見回ります。部屋の中のカーテンを閉めたり、寝ているジュニアに布団をかけたり、ジュニアたちが騒ぎすぎていないかを見て回るのです。そして僕が寝ている部屋にジャニーさんのスリッパの足音が近づいてきて、部屋に入ってきました。部屋は真っ暗でしたが、窓のカーテンを閉めるときの明かりや廊下から入る光で、誰がどこで寝ているかは把握していたはずです。

僕のベッドに近づいてくると、足元から布団をはぎ取って僕の腰の位置で横に寝ました。僕はそのとき、ジャニーさんの部屋に用意されている浴衣とパンツを着ていました。ジャニーさんは足のマッサージを始めて、手がだんだんと上がっていき、パンツの上から性器を触られました。そして僕はパンツを脱がされると直接性器を触られ、その後、ジャニーさんに口淫されました。その間、僕はずっと寝ているふりをしていました。翌日ジャニーさんと出かけるときに、エレベーターの中で1万円を渡されました。

その後、2016年にジャニーズ事務所を辞めるまでに、おそらく100回以上はジャニーさんのマンションに泊まり、ほかにもジャニーさんが滞在先で泊まるホテルのスイートルームに一緒に泊まったりすることもありました。合計で15回から20回ほどジャニーさんから性的被害を受けました。

今回、「週刊文春」の取材を受け、「日本のメディアは残念ながらこの問題について極めて報じにくい状況にある。BBCが報じたように外国のメディアなら取り上げてくれるのでは」と言われ、この記者会見を受けることになりました。

現在、僕は日本と両親の出身地であるブラジルでミュージシャンとして活動しています。ジャニーさんには個人的には感謝の気持ちをいまも持っています。ジャニーさんのおかげで人生が変わったし、僕のエンターテインメントの世界はジャニーさんが育ててくれたものだと思っているからです。一方で、ジャニーさんが当時15歳の僕や、その他のジュニアに対して性的行為を行ったことは悪いことだと思っています。

今日は皆さんの質問に上手く答えられるかどうかわかりませんが、自分の体験したことや見たこと、思っていることを正直に話したいと思っています。よろしくお願いします。

続けて、僕がジャニーズにいた当時撮影した、ジャニーさんの自宅の映像を公開した。会見場の明かりを落とし、用意されたスクリーンに、自宅の様子が字幕の説明とともに次々と映し出されていく。

誰かからもらった「ジャニー喜多川さん江」と書かれた暖簾が置いてある寝室兼書斎、毎日のように送付されてきていた入所希望の少年たちの履歴書の束が入った紙袋、ジュニアたちが入るお風呂やベッドやジャグジー、山積みされたジュニア用の布団、リビングに置かれたプールを覗くことができる望遠鏡、防音が施されたカラオケルーム、柱に埋め込まれた大きな水槽、高級酒が置かれたバーカウンター……などなど。およそ一分半の長さに編集したこの映像を公開したのは、別にジャニーさんのプライバシーを暴くことが目的ではない。仮に、まだ僕の言っていることを信用していない人がいたとしても、この映像を見てもらえば、より証言の信憑性が高まると思ったからだ。

案の定、会場に来ている記者たちは、食い入るように映像を見ているようだった。スクリーンに向かってフラッシュを焚いて撮影するカメラマンもいた。

それはそうだろう。これまでどのメディアでも公開されたことがない、ジャニーさんの家の中の様子だ。ジュニアの中でも、撮っている人間はあまりいなかったのではないかと思う。

もし、入所前に報じられていたら

記者たちとの質疑応答の中で印象的だったのが、メディアの責任について、けっこう重く受け止めている人もいるんだということだった。ある記者は、「日本の主要メディアが報じていないことが、ジャニーズ事務所でずっと起こっていた問題の一部になっていたと考えるか？」などと質問し、またNHKの僕と同世代だという女性ディレクターは、「公共放送に勤める者の一人として、たいへん重く受け止めております」と語っていた。

確かに文春以外のメディアはその時点でも、あまりこの問題を積極的に報道していなかった。ただ、記者会見を開くことで、日本のメディアが取り上げなかったとしても、世界で取り上げてもらえると思っていたし、僕以外の匿名の証言者もたくさんいる。だから、希望は持っていた。

ＮＨＫのディレクターは続けて次のような質問をした。

「もし当時大手メディアが報じていたら、ご自身の選択は変わったと思いますか？例えばジャニーズに入所すること自体ためらったであるとか、そういった選択は変わったと思いますか？」

一九九九年から文春とジャニーズ事務所が争っていた、ジャニーさんの性加害を巡る名誉毀損訴訟は、二〇〇三年に東京高裁が性加害については事実であると判断し、二〇〇四年にその高裁判決が確定している。その当時、ごく一部の新聞を除いて、大手メディアはこれを報じることはなかった。仮にそこで大きく報じられていたら、二〇一二年に入所することがあったのかどうか。そのことを聞く質問だった。

僕はこう即答した。

「テレビが当時取り上げていたら大問題になるはずなので、たぶん親も行かせないと思いますし、十五歳の未成年なので、僕の判断だけでできないですし、どっちの角度から見ても、たぶん（入所するという選択は）なかったんじゃないかなと思います」

このやりとりは、会見後、多くのメディアで引用された。それだけ意味のある質問であり、回答だったということだろう。

そのほかにも、いろいろなことを聞かれた。「法的な裁きを求めるか」とか、「一万円をもらったときに何を言われたのか」とか。

五十分ほど続いた質疑の中で、僕が個人的に言えてよかったと思ったことが二つあった。

ひとつは、ほかのジュニアたちにも是非話をしてもらいたい、ということ。

「やはり（被害者が）とんでもない数だと思うので、それを見れば皆さんわかるでしょうというのはけっこうあって。僕は顔を出して出てきたんですけど、ほかのジュニアたちも、ＢＢＣに出た子たちだけじゃなくて、みんなが出てきて喋ることはすごい大きなことかなと僕は思っています」

もうひとつはジャニーさん、そしてジャニーズ事務所への願いだ。

「事務所のいまのトップの人たちや、事務所自体に認めてほしいというのは大きいです。ジャニーさんもいたらそこは認めて、そういうこと（性加害）はもうないようにだったりとか。ジャニーズだけじゃなくて、芸能界ってたくさんそういうことがあるのがわかっているので、そういうのがなくなるような方向に行ってくれたらなと思います」

山が動いた

まだ話し足りないような気もしたし、がっつり話し切れたという思いもあった。

ひとつ言えるのは、すごく自由な場だった、ということだ。

会見に来てくれた多くの記者たちは「どんな爆弾が落とされるんだろう」と思いながら聞いていただろうし、僕の口から何が発せられるのか、想像できなかったのではないだろうか。確かに、会見には、誰かを糾弾するためだったり、誰かが弁明をするためだったり、「これを聞くのが目的だ」というものもあると思う。でも今回の会見はちょっと違った。ゴールがない中、みんなで素の状態で作り上げた会見、という感じがした。

終わって控室に戻ると、何人かの記者さんと挨拶を交わし、取材の約束をした。事前にＤＭで連絡を取り合っていた人たちだ。控室の外にも何人か待ってくれている記者さんがいて、名刺をもらって、その後、取材を受けた人もいる。ＦＣＣＪが入っているビルの外に出た瞬間、テレビのディレクターに直撃取材もされた。ちょっと驚いたけれど、真剣に話をさせてもらった。サングラスをかけたままだったが。

〈元ジャニーズ「性的被害受けた」　カウアン・オカモトさんが会見〉

会見中、すでに会見のことがニュースになっていた。最初に報じたのは共同通信だった。正直言うと共同通信がどんなメディアなのか知らなかったけれど、全国各地の契約を結んでいる新聞社に記事を配信している会社で、そのおかげで日本全国のメディアが会見の記事をネットで次々に出していった。

翌日の朝刊では朝日新聞、読売新聞、毎日新聞など大手紙もこぞって報じていた。NHKも翌日の夕方のニュースで会見の内容を伝えていた。

朝日新聞は四月十五日の朝刊の社説で〈ジャニーズ「性被害」検証が必要だ〉と書いていた。NHKと朝日新聞からは、その後、個別の取材も受けた。

イギリスのBBCやガーディアン、アメリカのニューヨーク・タイムズ、AP通信、さらには台湾、タイ、インドネシアなどアジア各国のニュースサイト、そしてブラジル……文字通り、世界中で報じられていた。

個人的に大きかったと思うのが、YouTuberたちの存在だ。

テレビでは伝えにくい問題でも、その人が「面白い！」「伝えるべきだ」と思ったことを、彼らはしっかりとニュースにしてくれる。ジャニーズ事務所への〝忖度〟とか、ＹｏｕＴｕｂｅｒたちには一ミリも関係ない。ほんの十年前だったら、こんなことはなかったかもしれない。今回は、このネット中心の社会がいい方に働いたと思う。

僕自身のＳＮＳへの反応も大きかった。それまではジャニーズファンからは「ジャニーズを潰すのか！」みたいな批判が多かった。「売名」「嘘つき」。そんな言葉を投げかけられることもあった。でも会見をしたことで、「勇気を出して話をしたカウアンを支えよう」という応援の声も非常に多く届くようになった。

もちろんこの問題については、いろんな見方があっていい。みんながみんな一方だけを応援するのは不自然だ。多くの人がこの問題を考えるきっかけとなったこと、それ自体が大きな進展だったと考えている。

ついに、山が動いたのだ。

第八章

カウアン、国会へ行く

ジュリーさんとの対面

二〇二三年五月十四日夜、ジャニーズ事務所の藤島ジュリー景子社長が、ジャニーさんの性加害問題について、本人が出演する動画と、説明文書を公開した。

BBCが三月にドキュメンタリーを放送して以来、ジュリーさんが世間に向かって見解を発表するのは、初めてのことだ。動画の中で、黒のスーツ、白いブラウスという、謝罪会見に出るときのような地味な格好で、ジュリーさんは頭を下げた。

「この度は、創業者ジャニー喜多川の性加害問題について世の中を大きくお騒がせしておりますこと、心よりお詫び申し上げます。何よりもまず、被害を訴えられている方々に対して深く、深くお詫び申し上げます。そして関係者の方々、ファンの皆さまに大きな失望とご不安を与えてしまいましたこと、重ねてお詫び申し上げます」

ジュリーさんはこれまで公の場に姿を現したことはほとんどない。そのジュリーさんが、動画とはいえ、世間に顔を出して喋るのがとてもレアなことだというのは、僕にもわかった。

そして、性加害問題については文書で説明された。一問一答形式になっているこの文書には僕の名前も載っていた。

——ＢＢＣの番組報道、またカウアン・オカモトさんの告発について、どのように受け止めているのか？

「事実であるとすれば、まず被害を訴えておられる方々に対してどのように向き合うべきか、また事務所の存続さえ問われる、極めて深刻な問題だと受け止めました。あらためて事実確認をしっかりと行い、真摯に対応しなければならないと思いました」

——ＢＢＣの番組報道、またカウアン・オカモトさんの告発は事実か？

「当然のことながら問題がなかったとは一切思っておりません。加えて会社としても、私個人としても、そのような行為自体は決して許されることではないと考えております。

一方で、当事者であるジャニー喜多川に確認できない中で、私どもの方から個別の告発内容について『事実』と認める、認めないと一言で言い切ることは容易ではなく、さらには憶測による誹謗中傷等の二次被害についても慎重に配慮しなければならないことから、この点につきましてはどうかご理解いただきたく存じます」

性加害が事実かどうかについては、〝認める〟という言葉はなかった。会社の社長という立場であり、ジャニーズのタレントが契約している、たくさんのスポンサーに対するスタンスもあると思う。

――ジャニー喜多川氏の性加害を事務所、またジュリー社長は知らなかったのか？

「知らなかったでは決してすまされない話だと思っておりますが、知りませんでした。このことを説明する上では、当時のジャニーズ事務所がどのような意思決定で運営されていたかについて、ご説明する必要があると思います。

週刊文春から取材のあった一九九九年の時点で、私は取締役という立場ではありましたが、長らくジャニーズ事務所は、タレントのプロデュースをジャニー喜多川、会社運営の全権をメリー喜多川が担い、この二人だけであらゆることを決定していました。情けないことに、この二人以外は私を含め、任された役割以外の会社管理・運営に対する発言は、できない状況でした」

実はこの約二週間前、ジュリーさんサイドから連絡があり、二時間ほど対面で話し合った。ジュリーさんと会うのはジュニア時代を含めて初めてだし、どんな人なのだろう、どんな思いでいるのだろう、嘘をつかれたらわかるだろうし、そんなことになったら嫌だな、と思っていた。

実際に会うジュリーさんは、なにか、皇族のような品のある雰囲気をまといつつ、かわいらしさもある人だった。そのジュリーさんは僕に謝った。

「私は本当に知らなかったの。本当なのね……。申し訳ない」

さすがに彼女も、これまで出てきている様々な証言や証拠を見て、ショックを受けていたのだと思う。

「でも、私にも守らなければならないものがある。そして傷ついてほしくない人たちがいる」

事務所の現役のアイドルの中には、ジャニーさんからの行為を受けていない人もいるだろう。

「本気で、みんな、されてないって言うのよ。でもカウアンが一番わかると思うんだけど、されてても言いたくないという気持ちもあるから、そこを掘り下げたくない」

その言葉はすごくリアルな気持ちとして伝わった。

一方で、僕もこう伝えた。

「ジュリーさんは顔を出して、説明した方がいいと思いますよ」

それから二週間後、ジュリーさんは顔を出して謝った。歴史的瞬間だ。大きな一歩だと思った。そしてこれから事務所が生まれかわることによって、被害者たちの気持ちも少しずついい方に向かうことを心から願っている。

第一歩のはじまり

僕が日本外国特派員協会で記者会見をしてから一カ月後。立憲民主党から、「国会でカウアンさんにヒアリングをさせてもらいたい」という連絡が来た。

立憲民主党は当時開会中の通常国会で、児童虐待防止法の改正の提案を検討していて、その法案作りのために、僕の経験や意見を聞かせてもらいたいということだった。

なぜ、児童虐待防止法を改正するのか。説明を聞くとこういうことだった。

いまの法律では、性的虐待を含む児童虐待は親権を持つ両親だけに適用される。それを、児童（法律的には十八歳未満の男女）を預かる芸能事務所の幹部や、部活動の顧問、宗教団体の幹部などに範囲を広げたいということだった。

どれもが子供たちにとっては権力者で、言われたことに対して逆らいにくい相手だ。また、この法律には通報義務があるので、虐待が行われていることを知ったら、周囲の人間は警察や児童相談所に通報しなくてはならない。ジャニーズ事務所の例で言うならば、ジャニーさんの性加害を知ったら、マネージャーはその事実を通報しなくてはいけない、ということだ。〝見て見ぬふりはダメ〟という当たり前のことが、法律で定められる。

とても意義があると思ったので、僕は参加することにした。

だがその前夜、僕がヒアリングに参加するというニュースが流れると、周囲から、「政治色がつく」「なんで立憲民主党に協力するの？」と、参加を止めようとする連絡がいくつも入った。知り合いになっていた旧N党の立花孝志さんも、「立憲民主党の色がついてしまう。国会の法務委員会に証人として呼んだり、俺が中立的な立場で話せる場を用意するから」と強く止めてくれた。

僕は政治のことは何も知らない。参加することが僕にとって、今後の活動のリスクになってしまうんじゃないかと急に不安になった。

そこで僕は、ウェブメディアの「NewsPicks」の企画で対談した、2ちゃんねる創設者のひろゆきさんに相談した。すると、ひろゆきさんは「立憲民主党の支持者ではない、ということを説明したうえで、参加すればいいんじゃないか」というアドバイスをしてくれた。法律の改正には僕も賛成だ。ひろゆきさんのアドバイスも聞いて、僕はやはり参加すると決めた。

ヒアリング当日の五月十六日。僕の次に実名告発をした橋田康さんに初めて会った。橋田さんは僕より十一歳年上で、ジャニーズ事務所に入ったのは僕より十四年早い一九九八年だ。中学一年生のときに、やはりジャニーさんから口淫されるなどの性被害を受けたという。ヒアリングは橋田さんと二人で参加することになっていた。

ジュニア時代はまったくかぶってないので、初対面。お互い、まだどんな人なのかもわからない状態ということもあり、このときは、名前を名乗り合う程度の簡単な挨拶だけにとどまった。

だが、僕と同じ体験をした人とこうやって会ったことで、記者会見で自分が顔と名前を出して話したことにはとても大きな意味があったんだな、と改めて実感することができた。

タクシーで国会議事堂に向かっている最中、初めて生で見る議事堂の堂々たる姿に、改めて心が引き締まった。

国会に着くと、立憲民主党の山井和則議員が出迎えてくれた。そして「カウアンさん、今日は有難うございます」という丁寧な挨拶の後、僕を国会の中へと案内してくれた。小学校低学年くらいの子供たちが国会見学をしに来ていて、中庭をきちんと並んで歩いていた。こういう子供たちの未来を守るために、僕がこの場にいるんだ。しっかりやりとげよう、と気合が入った。

山井さんに「国会対策委員長室」という部屋に通された。そこでは、立憲民主党の国対委員長の安住淳議員が待っていて、法律を変える意義を改めて伝えられた。安住さんは僕らをリラックスさせる必要があると思ったのだろう。国対委員長室のソファや壁紙などを指さして、

「とっても古いでしょ。壊れるとずっと修理して使っているんだ。この部屋にあるものは全部日本国内で作られた物でね。でも、あそこのドアノブだけはアメリカ製なんだよね」

などと、雑談で橋田さんと僕の緊張をほぐそうとしてくれた。

だけど、僕はあんまり緊張するタイプでも、物怖じするタイプでもない。「ブラジルにも行ったことがあるよ」と安住さんが言うので、ブラジル行きの飛行機のルートの

話、ヨーロッパ回りの安いチケットのことなどを話した。

そうこうしているうちに、ヒアリングの開始時間になった。隣の「控室」という名前ながらかなり大きな部屋に入ると、左側のテーブルの前に議員たちがずらりと座っている。右側のテーブルの前には法務省、子ども家庭庁、警察庁など法律に関連する省庁の役人が並んでいた。そして、それらの人たちを取り囲むように新聞記者やテレビのカメラマンが何十人もいて、座り切れずに立っている記者たちもたくさんいた。

進行役の山井さんに促されて、僕は冒頭の挨拶をすることになった。簡単な自己紹介、そしてジャニーさんから受けた性被害について話してから、僕はこう言った。

「芸能界に限らず、未成年者が絶対的に上の立場の人から、何かを要求されたときにそれを拒むのは難しいと思います。

今回、僕は自分の名前を出して、ジャニーズ事務所で起きたことを発表しました。これによって、僕以外の被害者の方も声を上げてくださり、社会も僕たちの意見を聞いてくれるような状況になっています。

この状況の中で、僕たちのような被害者が今後生まれないための法律の整備がされることを強く願っています」

議員たちは頷きながら聞いてくれた。そして、「再発防止に向けて、どのようなことを望むか」「苦しんでいる人が声を上げるためにはどうしたらいいか」といった質問が議員から出たので、僕なりの意見を伝えた。

「自分の名前も顔も出し、なるべくなら隠しておきたかった体験をさらけ出したことで、このように法改正という形で周りの大人たちが動いたことが一番大きなことだと思っています。法改正が実現したからといってすべてが解決するとは思っていませんが、こういうことの積み重ねがたくさんの人を守る一手になっていくと思います。この件が済んだから終わりではなく、新たに生まれてくる問題と向き合いながら、その都度こうしよう、ああしようとなっていけば、怖い思いをせずにきちんと声を上げられる環境が少しずつ整っていくのかなと思います」

そして、こう続けた。

「いまは被害者が声を上げたときに、失うものが大きすぎる。だから、言えなかったり、隠されてきている。いま、国民が考えるきっかけになっているので、被害を言いやすく、自分の身を守れるような安心感を与えたいです」

ヒアリングが終了すると、その場で記者たちに囲まれて取材を受けた。二日前の十四日には、ジュリーさんが、ジャニーさんの性加害問題について、動画と文書で説明を行っていて、そのことについての感想も求められた。

「まず第一歩、始まったなと思います」

僕はそう答えた。

取材が終わって国会を出る途中も記者たちが一緒に付いてきて、僕に質問をしてきた。

ジャニーさんの性加害について、少し前までは一切報じられることがなかったのに、世の中の状況は本当に一変したんだな。

そんな思いを抱きながら、僕は国会の外に出た。

その日の夕方のニュースでは、ＮＨＫも民放各局も、ヒアリングのニュースを一斉に流していた。

再発したパニック障害

国会で議員たちに自分の意見を伝えて、ホッと一息ついていた、その夜だった。

僕のツイッターなど、ネットにすさまじい量の批判メッセージが上がった。

〈売名売名売名〉

〈恩知らずが　死ねよ〉

〈ガーシーや立花さんあってこその今の状況になってるのに、全然理解できない〉

〈立憲民主党に悪用されないことを願うばかりです〉

旧N党の立花さんは「結果的にヒアリングに出てよかった」とフォローしてくれたが、ネットでのカウアン叩きは止まらない。

僕は持病のパニック障害が再発してしまった。親しい友達からも、「いまはとにかく休んだほうがいい」「SNSの発信もしばらくやめよう」と言われ、僕はアドバイスに従うことにして、翌十七日にツイートした。

〈誰かがこの件で僕も含めて命を断つようなことがあるのが一番怖くなりました。

僕はもう自分に嘘つきたくないし誰かを憎みたくない。感謝も消えない。被害者の方々やまだジャニーズ事務所に所属されているタレント、人間の心のケアを優先してあげてください。その為には1人1人の心のより所を作りながらどうか慎重に動いてください。どうかその心を無視して強行突破しないでください。すみませんパニック

障害が再発してしまったのでしばらく休みます。〉

それでも、僕には決めていたことがあった。

五月二十四日の誕生日に、新曲をネット上にアップする予定だったのだ。「自分に嘘はつきたくない」という一心でジャニーさんの性加害を話し出してから、いまの自分の気持ちを曲にしようとしていた。それまでの、どうしたらスターになれるか、という気持ちで作った曲ではなく、本当の自分のことを素直に表した曲。「最初に戻ろう」という意味も込めた『THE FIRST』というその曲は、千葉県の九十九里浜などでMVも撮り終わり、あとはアップするだけの段階だった。だが、パニック障害が再発し、もう自分の心の声が聞こえなくなってしまった。息が苦しくなり、自分を罵倒する声ばかりが脳をよぎる。もう発言するのが怖い。曲も出したくない。いますぐ逃げたい。無意識に涙が溢れた。

全てを諦めようと覚悟したそのとき、あることに気づいた。なぜ僕がこんなにも辛いのか、苦しいのか。なぜなんだ。これは初めての感覚じゃない。答えが知りたくて、もがいていた。そう、それは再び自分に嘘をつき始めていたからだった。『THE FIRST』はもう自分に嘘をつかないって約束した曲なのに。リリースの一週間前に、自分自身とした約束を破っていた。僕は最大の事実に気づいた。理屈じゃなかった。善と悪でもなかった。唯一の答えは愛だった。つまり自分に嘘をつかないというのは、愛で満ち溢れた状態でいるということだった。次の瞬間、僕の頭の中では、色んな言葉が聞こえ始めた。僕はすぐさまケータイを手に取り、聞こえてくる言葉をそのまま口に出して録音した。

〈僕は1996年5月24日に生まれ／2023年5月24日に生まれ直した／ずっと自分から逃げてきた／大きな光の後ろには／ずっと大きな影があった／何度も何度も諦めろって言われてきた／そして自分だけじゃないって事も知ってる／どうか自分を責めないでほしい／好きな事を好きって／嫌いな事を嫌いって／そんな事も言えない世の中で／俺も一緒に生きてきた／自分を責めてきた／だからよく分かるよ／だけど人を憎まないで欲しい／感謝は忘れなくていい／ただ自分に正直になって／自分自身だけには／嘘をつかないでほしい／愛は探すものじゃない／誰かを追い詰めることでもない／多くの人は／人生は〝二つの扉〟でできていると信じている／左側にある／「善の扉」／右側にある／「悪の扉」／どちらかしか選択肢がないと思っている／でもよくみてほしい／その二つの真ん中には／一つの扉がある／たった一文字の／「愛」

と書いてある扉／その扉の向こうには／善と悪すら存在しない／唯一全てを統一できる／愛に満ち溢れた世界がある／それを開けて欲しい／いつでもはじめられる／いつでもはじまりに戻れる／そして俺は今／はじまった〉

喋り終わったあと停止ボタンを押し、そのますぐ、僕が公私ともに最も信頼し、一緒に曲を制作している音楽プロデューサーのシュンに送信した。シュンから返信が来た。それはたったひと言、「泣いた」。僕はそのあとすぐに彼と電話で話し合い、翌日、実際に喋っている声とともに二子玉川の河原でMVのラストシーンを撮影した。まるで足りてなかった最後のピース。これで完成だ。パニック障害の再発を乗り越え、無事、曲をリリースできた。それを実現させたのが、愛だった。

言葉をテロップにしてMVをアップすると、見た人から、とても温かい言葉が寄せられた。

〈私もまだ生まれ直せると感じました。死に近づいていると思ってた心にエネルギーが湧いてきました〉

〈カウアンさんの言葉や選択には、いつも愛があります。今地球に必要なのは「愛」です。お金や地位や権力、ステータス、肩書きではない。カウアンさんはそれを伝え

てくれる光の存在です。強くて優しい魂だと思います〉

〈思わず、涙が溢れて魂が震えました‼善と悪の融合！光と闇の融合！みんなが愛♡の扉を開いて本当の自分に戻れますように‼〉

ありのままの自分を受け入れてもらえた。

自分が信じることをやればいいんだ。

そう思うことができた。

被害者四人の署名活動

児童虐待防止法の改正が実現すると、親からだけでなく、立場に上下があるせいでノーと伝えにくい大人からの行為も虐待と言えるようになる。つまり、それだけ守られる子供が増えるということだ。これは何党だとか関係なく、誰もが賛成してくれると思っていた。

立憲民主党も自分たちの発案にこだわらず、自民党や公明党といった、普段は対立している与党にも、一緒に法案を作ろうと提案した。だが、これは撥ねつけられた。

自民党は比較的乗り気だったが、公明党はいまの法律でも対応できると言って、乗ってこなかったのだという。

その後、立憲民主党が単独で改正法案を国会に提出した。だが、与党側が賛成しない限り、法改正は実現しないのだという。

性加害問題が大きく社会で報じられているいま、なんとかこの国会で改正を実現したい。そこで橋田さんと、やはり実名でジャニーさんからの被害を告発した元ジュニアの二本樹顕理さん、一九九〇年に忍者でデビューする前に被害を受けていたと証言した志賀泰伸さん、そして僕の四人が発起人となって、新しい児童虐待防止法の成立を訴える署名活動を行うことになった。

署名活動を始めたのは五月二十六日。国会閉会まで一カ月を切っている状況で、無謀な試みかもしれなかった。それでも、法改正に対して消極的な党に、「これだけの人が賛成してるんだ」という声を届けたいと思った。

署名は予想以上のペースで集まった。

六月五日までの十一日間で、なんと約四万もの署名が集まったのだ。

この日、橋田さん、二本樹さん、僕の三人で国会に署名の束を届けに行った。立憲民主党、日本維新の会、国民民主党、共産党の野党四党は国会議員が受け取ってくれたが、自民党と公明党は事務職員が受け取った。こういうところに、法改正への温度差が表れるらしい。

結局、最後まで自民党と公明党は話し合いに乗って来ず、通常国会での法改正は実現しなかった。ただ、国会で岸田首相が「性犯罪を防止させるための対策の強化等について、関係府省の会議を開催し、検討を進めさせることとしています」と発言した。少しは前向きな動きを生むことができたと思った。

「必ず結果は出します」

その後、自民党からも、僕と橋田さんにヒアリングしたいという申し出があった。今国会では法改正できないことになったが、それでも自民党は話を聞きたいという。僕としては、次の秋の国会でもいいから改正してもらいたい。だったら、自民党にもちゃんと自分の経験や意見を伝えよう。

六月十二日、永田町の自民党本部まで出向いてヒアリングに参加した。立憲民主党のときと違って、ヒアリング中はメディアを入れず、話す相手は「虐待等に関する特命委員会」の議員だけだった。

橋田さんが法改正の必要性を訴えてくれたので、僕は、「教育の場でも性加害のことを教えるべきだ」と伝えた。ドラッグについては、学校でもそれが身体や心にどんな悪影響を与えるかを教えているし、ポスターでの啓蒙活動もたくさん行われている。その一方で、大人から性加害をされそうになったときの対処法や相談先などについては教わる機会がない。そういったことを教わって知識として頭に入っていたら、いざそういう場面に遭遇してしまったときの対応は全然違ったものになると思う。そんなことを伝えた。

議員たちも最初は、「法改正以外でできることはないのか？」というスタンスだったが、法改正の話も真剣に聞いてくれて、「必ず結果は出します」と最後は約束してくれた。

第九章　これから

目標は、ラテン・グラミー賞

ソロデビューを目指してジャニーズ事務所を辞めてから、早くも七年が経とうとしている。

前述したように、僕はジャニーズを辞めてすぐに、もうひとつの僕のルーツ、ブラジルへ渡った。

ブラジルの人口は二億一千万人あまり。日本の二倍近い。最近ではグローバルサウスという言葉もあり、勢いのある経済新興国のひとつに数えられている。ということは音楽のマーケットも大きいということだ。

国民全体が音楽好きで熱狂的だ。ジャスティン・ビーバー、レディー・ガガ、BTS……。世界のトップアーティストに「ライブをやって一番盛り上がるところは？」と聞くと、彼らは口を揃えて「ブラジル！」と答える。ライブでは、観客みんなが歌っちゃう。日本のファンはアーティストに対して行儀がいいけれど、ブラジルだとものすごい勢いでアーティストをつかんでくる。音楽のサブスクの再生回数も日本とは比較にならないほど多い。

そのブラジルにもジャニーズファンはいて、「ジャニーズにいるブラジル人」である僕に対する注目度は高かった。日本で頑張っているブラジル人。あの国は這い上がっていくというストーリーが大好きだ。

例えば、サッカーの神様ペレも、貧しい地域で生まれ、そこから這い上がって世界最高の選手になったからこそ、ブラジル国民から慕われているのだ。

ブラジルから十八歳で日本に渡ってきて工場で働く両親のもとに生まれ、日本の小さなブラジル人コミュニティで育ち、日本の芸能界のトップのジャニーズ事務所で苦労しながらエンターテインメントを学び、そこからブラジルに凱旋する。とってもブラジル人好みのリアルなストーリーだと思う。

僕の目標は毎年アメリカで開催されるラテン・グラミー賞だ。

アメリカのグラミー賞は日本でも有名だけど、ラテンミュージックを対象とするこの賞も、すごい。アメリカでヒスパニック系（主に中南米系のスペイン語を母語とする人たち）の人口が増えたことに伴い、本家のグラミー賞から独立する形で二〇〇〇年からスタートした賞で、クリスティーナ・アギレラ、シャキーラなど世界的スターも数多く受賞している。

ラテンミュージックの対象は広い。中南米、スペイン、ポルトガル……。ポルトガル語で歌えば、僕の歌もラテンミュージックになる。世界進出のカギは多言語だ。だから、僕は曲を作るとき、ポルトガル語、英語、日本語の三バージョンを制作している。

日本国籍

僕は二十歳になってすぐ、日本への帰化申請をしていた。最初にブラジルに行く一カ月前のことだ。

日本で生まれて育ったが、アメリカやブラジルと違って日本は出生地主義ではないので、それまで日本国籍を持っていなかった。だから中学校でグレかけたときに、お母さんから、「強制送還されちゃうよ！」と言われたのだ。

日系ブラジル人はそもそも帰化申請しない。その理由は、申請しても帰化がなかなか認められないからだ。

僕も申請から三年近くかかってやっと帰化が認められ、日本国籍を取得した。日本では基本的に二重国籍は認められていないので、元の国籍を捨てるように指導されるのだが、ブラジルには、一度ブラジル人になった人間はその国籍を捨てられないという決まりがある。だから、僕は日本とブラジル、二つの国籍、二つのパスポートを持っている。二つの国を代表するというのは、とても自分らしいアイデンティティだと思っている。

もちろん、日本で生まれ育ったから、自分が日本人だという意識は強いし、仮にブラジル国籍を捨てることになっても、日本国籍を取得しただろう。

前にも書いたように、東京五輪をきっかけにブラジルでチャンスをつかもうとしていた僕は二〇二〇年のはじめ、二度目にブラジルに渡ったとき、ひとつのテレビ番組に出た。『プログラマ・ラウル・ジル』という、日本でいうならば、ダウンタウンが司会していたフジテレビの『HEY! HEY! HEY! MUSIC CHAMP』のような、バラエティと音楽が合体した番組だ。ブラジルに渡る前から、MVを送って、電話で営業して、出演を決めた番組だった。そこで自分の歌を披露して、エンディングでは再び司会者に呼ばれてシメの言葉を叫ぶなど、大成功だった。二十分ほどテレビに映り、S

NSのフォロワーは五万人増えた。それを見たテレビ局の人間からオファーが来て、出演する番組が五本決まった。

だが、そこからコロナでブラジルはロックダウン。予定していた番組は全て流れてしまった。ただ、もうこの時点で帰化は認められていた。これだけは運が良かった。というのも、日本も入国制限がされていたので、日本国籍を持っていなかったら日本への帰国が叶わなかったからだ。

東京オリンピックは二〇二一年に一年遅れで、しかも無観客で行われるという異例の事態となった。そんなかたちでの開催だったから、ブラジルでの五輪がらみの仕事も全部なくなってしまった。

そんな中、僕は自分の喉の状態がおかしいことに気づいた。医者に診てもらうとポリープができていて、除去手術を受けた。手術をすると一年間、声は戻らない。でも、コロナ禍での手術だったのは不幸中の幸いだった。そもそもステージの場がないのだから。しかも、手術によって一オクターブ声域が広がった。

僕はコロナ禍の間、発声オタクとなり、ホイットニー・ヒューストンやマライア・キャリーまで歌えるようになった。

彼女たちは音楽で、人々を笑顔にしてきた。

〝愛〟が宿る音楽で人々を導き、救ってきた。

それは、なんと素晴らしいことだろう!


だが、二〇二二年はいろんな大変なことが起こって、どん底まで落ち込んだ。それまでの人生、日本人でもなく、かといってブラジル人でもないという中途半端な存在だと自分自身を捉えていて、「こんな自分は結果を出さないと認めてもらえない!」というプレッシャーをずっと感じていた。

闇は常にあるもの、そう思って目をつぶっていた。変えられないんだと。変えるのはスターになってからでいいと。でも、間違っていた。スターになったから変えられるんじゃなくて、変えられるヤツがスターになるんだ。闇を照らせるヤツがスターになるんだって。

スターになる、というのはいまも目標としてはあるけれども、その前に正直でいたい。自分に嘘をつきたくない。自分が救えると思うのは傲慢だ。僕が救うわけじゃない。僕は愛の扉に導くだけ。そしてその扉を開いた人は愛で救われる。

僕がいまやりたくて、やらなきゃならなくて、そしてできることは、「愛の交換」だ。それ以外のお金やモノは、ただのおまけで、ただの記録。愛を交換するために、いまはただ自分が納得できる音楽を作りたい。その音楽で人を笑顔にしたい。そう強く思っている。

エピローグ

二〇二三年五月十六日、国会議事堂。

「僕たちのような被害者が今後生まれないための法律の整備がされることを強く願っています」

僕は国会議員と役人たちに向かって、自分の思いを話していた。

四月に記者会見を開いてから一カ月余り。この間、世の中はめまぐるしく動いた。

僕の実名告発の後、橋田康さん、二本樹顕理さんら元ジャニーズJr.たちの実名告発が何人も続いた。カウアンの勇気に奮い立たされた、と言って先輩にあたる元ジュニアが声を上げるようになったのだ。

ジャニーズ事務所も動いた。

五月十四日、社長の藤島ジュリー景子氏がジャニーさんの性加害問題について釈明する動画を発表した。

「この度は、創業者ジャニー喜多川の性加害問題について世の中を大きくお騒がせしておりますこと、心よりお詫び申し上げます。何よりもまず、被害を訴えられている方々に対して深く、深くお詫び申し上げます」

深く頭を下げるジュリー社長。繰り返しになるが、ジュリーさんが社長として世間に顔を出すのは、初めてのことだった。

その約二週間前、僕はジュリーさん側から会いたいと言われ、顔を合わせて、じっくり話し込んでいた。

「本当にそんなことがあったの？」

彼女は（本当にわからないの）という顔で僕に聞いてきた。でも、僕の話を聞いて、僕が嘘をついていないことは伝わったと思う。

ジュリーさんは、

「私にも守らなければならないものがある」

とも言った。

僕もジュリーさんに、こう伝えた。

「ジュリーさんは顔を出して、説明した方がいいと思いますよ」

その言葉がどのくらい影響したのかはわからないけれど、ジュリーさんは事前収録した映像というかたちではあったが、自分の姿を出して、世間に頭を下げた。「何について謝っているのかわからない」「記者会見で質問に答えるべきだ」たくさんの批判が出たけれど、あれが、あのときの彼女ができる精一杯のことだったのだろう。

そして、国の法律を作る国会でも、この問題を受けて、新たな動きが生まれた。

親からの虐待（性的虐待も含まれる）を規制する児童虐待防止法を、芸能事務所の幹部や、部活動の顧問など、子供たちにとっての絶対的権力者のような存在の大人にも適用できる法律に改正しようという動きだ。

実名での告発をしてから、僕はずっと、この問題のゴールを探していた。

それが法律改正というかたちになり、これからエンターテインメントを目指す子供たちを守る法律ができるのなら、最高のゴールじゃないかと思った。だから、国会議員たちのヒアリングに応じて、自分の体験と考えを話したのだった。

ジャニーさんの性加害は僕に何を残したのだろうか。

耐えなければスターになれない、とあのときは思った。誰かに聞かれても、「ない、ない」としか言えなかった。行為を受けたことに加えて、自分に嘘をつき続けることで、自分が嫌になった。それはアーティストの生き方ではないと思った。

僕が上げた小さな声に、あとからあとから、たくさんの人の声が重なった。被害を受けた元ジュニアの方、署名をしてくれた方、ネットで応援してくれた方。

ジャニーズ事務所を辞めるとき、僕はアイドルというみんなの理想の存在でいる生き方から、アーティストという自分のありのままをさらけ出す生き方を選んだ。

応援してくれる人の声も、アンチの人の声だって、これからの僕のエネルギーとなるだろう。

運命よ、そこをどけ。俺が通る。

僕の右肩には、マイケル・ジョーダンの大好きな言葉を刻んだタトゥーがある。

僕の腰には、鷹（カウアン）のタトゥーがある。

日本とブラジル、そして世界へ。

僕はエンターテインメントの世界を、羽を広げて飛び続けるつもりだ。

カウアン・オカモト
1996年5月24日、愛知県豊橋市生まれ。両親は日系ブラジル人。2012年2月、ジャニーズ事務所入所。16年までジャニーズJr.として活動後、独立。「週刊文春」2023年4月13日号でジャニー喜多川氏から受けた性加害を実名告発し、大きな反響を呼んだ。

ユー。
ジャニーズの性《せい》加《か》害《がい》を告《こく》発《はつ》して

2023年8月10日　第1刷発行

著　者　カウアン・オカモト
発行者　大松芳男
発行所　株式会社　文藝春秋
〒102-8008 東京都千代田区紀尾井町3-23
電話　03-3265-1211
印　刷　光邦
製　本　光邦
組　版　明昌堂

　ISBN978-4-16-391737-5　Printed in Japan